Regensburg – Kleine Stadtgeschichte

Matthias Freitag

Regensburg
Kleine Stadtgeschichte

VERLAG FRIEDRICH PUSTET
REGENSBURG

UMSCHLAGMOTIVE
vorne: Stadtansicht von Regensburg (Ausschnitt). Kol. Kupferstich
von Friedrich Bernhard Werner und Jeremias Wolff, um 1730. (Verlagsarchiv Pustet)
hinten: Steinere Brücke und Salzstadel (Fotolia/Fabiomax)

**BIBLIOGRAFISCHE INFORMATION DER
DEUTSCHEN NATIONALBIBLIOTHEK**
Die Deutsche Nationalbibliothek verzeichnet diese Publikation
in der Deutschen Nationalbibliografie; detaillierte bibliografische Daten
sind im Internet über http://dnb.dnb.de abrufbar.

6., aktualisierte Auflage 2022, Regensburg
© 1999 Verlag Friedrich Pustet
Gutenbergstraße 8 | 93051 Regensburg
Tel. 0941/920220 | verlag@pustet.de
ISBN 978-3-7917-2823-0

Reihen-/Umschlaggestaltung und Layout: www.martinveicht.de
Satz: Martin Vollnhals, Neustadt a. d. Donau
Druck und Bindung: Friedrich Pustet, Regensburg
Printed in Germany 2022

Diese Publikation ist auch als eBook erhältlich:
eISBN 978-3-7917-6092-6

Unser gesamtes Programm finden Sie unter
www.verlag-pustet.de

Inhalt

Vorwort 7

Kelten, Römer und Germanen: Regensburg in der Antike 9
Anfänge / Regensburgs „Gründungsurkunde" / „Die Gegend musste eine Stadt hierher locken" / Keltenstadt „Rataspona"? / Die Römer / Das erste römische Lager / Das zweite römische Lager / Der Römerschatz von Kumpfmühl / Die Namen von Regensburg / Das Ende des römischen Regensburg / Gräuel der Völkerwanderungszeit

**Herzöge und Bischöfe, Könige und Kaiser:
Regensburg im frühen Mittelalter** 34
Von den Römern zu den Bayern / Ende der Römerzeit / Hauptstadt von Bayern / Frühes Christentum / Die Regensburger Missionsbischöfe / „Urbs regia" – „königliche Stadt" / Das Regensburger Kaiserpaar / Kulturelle Blüte / Bischof Wolfgang / „Nichts Herrlicheres hat Deutschland"

Freie Reichsstadt: Regensburg im späten Mittelalter 62
Wirtschaftlicher Aufschwung / Die Stadt und ihre Bewohner / Das „Runtingerbuch" / Der Reichtum und seine Folgen / Geistesgrößen des Mittelalters / Der Kampf um die Stadtherrschaft / Privilegien einer Freien Reichsstadt / Die Strukturen der Stadt / Regensburger Straßennamen / Die Bewohner der Stadt / Regensburgs jüdische Gemeinde

„Stadt des Reichs": Regensburg in der frühen Neuzeit 92
Wirtschaftlicher Niedergang / Die Krise um 1500 / „Über die Donau heiratet man nicht" / Vertreibung der Juden / Reformation / Regensburger Religionsgespräch / Johannes Kepler – ein Regensburger? / Immerwährender Reichstag / Wie der Reichstag funktionierte … / Die Fürstenallee

Von der Provinzstadt zum Oberzentrum:
Regensburg im 19. und 20. Jahrhundert **123**
Das „Fürstentum Regensburg" / Fürst von Regensburg / Der
„Dornröschenschlaf" / Bischof Sailer und der „Sailerkreis" / Schloss
Thurn und Taxis / Moderne Zeiten / Simon Oberdorfer – Opfer der
Nationalsozialisten / Regensburger Altstadtsanierung

Vergangenheit + Gegenwart = Zukunft:
Regensburg heute **153**

Anhang **166**
Zeittafel / Literatur / Register / Ortsregister *(allgemein)* /
Ortsregister *(Regensburg)* / Personenregister / Bildnachweis

Vorwort

Es ist ein schwieriges Unterfangen, die Geschichte Regensburgs als Ganzes zu beschreiben; manche sagen, es sei geradezu unmöglich. Der Grund dafür ist leicht zu benennen: Die Stadt ist fast 2000 Jahre alt, älter als die meisten in Deutschland; es gilt also, einen sehr langen Zeitraum zu überblicken. Hinzu kommt – und das ist das Entscheidende –, dass Regensburg in fast allen Epochen seiner Geschichte im Vergleich zu anderen Städten nicht so sehr eine typische, sondern eher eine außergewöhnliche Entwicklung durchlaufen hat, dass hier – vereinfacht ausgedrückt – mehr und Wichtigeres passiert ist als anderswo.

Nur zwei Beispiele: Im Mittelalter war Regensburg der zentrale Ort in ganz Süddeutschland, Residenzstadt der bayerischen Herzöge und der deutschen Könige und Kaiser, Bischofssitz mit einer Vielzahl kirchlicher Institutionen, Fernhandelsstadt und Wirtschaftszentrum, kurz: eine echte Metropole. Und in der frühen Neuzeit, im 17. und 18. Jahrhundert, war hier der Ort, an dem sich eine der wichtigsten Institutionen des deutschen Reichs, der „Immerwährende Reichstag", aufhielt, mit Dutzenden von Gesandten aus aller Herren Länder und mit all dem Glanz, in dem sie die Stadt erstrahlen ließen. Entsprechend vielfältig und facettenreich ist die Regensburger Geschichte; entsprechend üppig fließen die historischen Quellen. Genau hier liegt das Problem. Wie kann man die Fülle des vorhandenen Materials bewältigen? Wie all die Vielfalt und all den Reichtum in einem Zug darstellen, ohne sich ins Endlose zu verlieren? Das sind die Fragen, denen sich jeder Regensburger Geschichtsschreiber stellen muss.

Vorliegende „Kleine Regensburger Stadtgeschichte" macht schon in ihrem Titel deutlich, wie sie das aufgeworfene Problem zu lösen gedenkt. Sie weist in aller Bescheidenheit ein Prinzip von vornherein zurück: das einer vollständigen und erschöpfenden Darstellung dessen, was in Regensburg von der Gründung bis in heutige Zeiten geschehen ist. Sie will lediglich eine Zusammenfassung bieten, einen Ein- und Überblick verschaffen, eine erste Orientierung für alle, die sich mit der Geschichte der Stadt beschäftigen. Sie verzichtet deshalb auch darauf, eine unendliche Folge von Einzelereignissen und zugehörigen Jahreszahlen aneinanderzureihen; vielmehr geht es darum, längerfristige Entwicklungen aufzuzeigen, Strukturen sichtbar zu machen, die hinter den Ereignissen liegen. Letztlich – auf den Punkt gebracht – will sie Verständnis wecken für das, was Regensburg war und was es bis heute geworden ist.

Der Regensburg-Kenner wird zwangsläufig das eine oder andere vermissen, manche Namen, manche Ereignisse, manche Anekdoten vielleicht, die normalerweise zum Kernbestand dessen gezählt werden, was man von Regensburg weiß. Ganz auf Einzelheiten und Details, die die Geschichte ja oftmals auch spannend und greifbar machen, muss er aber nicht verzichten: Eine Vielzahl von ihnen – Kurzportraits berühmter Regensburger, aussagekräftige Quellenzitate, Szenen aus dem Alltagsleben und so weiter – sind als „Specials" in den laufenden Text eingeschoben und liefern zusätzliche Informationen. Das Allgemeine und das Besondere ergänzen und vertiefen sich – das ist zumindest die Absicht, die hinter diesem Verfahren steht.

Im günstigsten Fall – so hofft und wünscht es jedenfalls der Verfasser – kann die „Kleine Regensburger Stadtgeschichte" beim Leser vielleicht die Lust wecken, sich weiter auf Entdeckungsreise zu begeben. Damit hätte sie dann ihr wichtigstes Anliegen erreicht: etwas von der ungemeinen Faszination zu vermitteln, die von der Stadt und ihrer Geschichte ausgeht und der schon viele erlegen sind.

Kelten, Römer und Germanen: Regensburg in der Antike

Geschichtliche Anfänge dingfest zu machen, zu sagen, etwas habe zu einem bestimmten Zeitpunkt begonnen: Das gehört zu den schwierigsten Aufgaben, die sich dem Historiker stellen. Aus frühen, weit zurück und vielfach im Dunklen liegenden Zeiten fehlen oft Nachrichten und Belege; man ist auf Vermutungen angewiesen, auf Theorien und Kombinationen, die einmal mehr, einmal weniger plausibel klingen. Im Fall von Regensburg verhält es sich fundamental anders: Was den Beginn, die Gründung der Stadt angeht, sind die Dinge klar und eindeutig. Im Jahr 179 nach Christus ließ der römische Kaiser Mark Aurel hier einen befestigten Platz errichten, ein Militärlager. Seine Besatzung: eine Legion des römischen Heeres. Seine Lage: an der Donau, der Grenze des Römischen Reichs, und zwar an deren nördlichstem, das heißt: an einem strategisch besonders wichtigen Punkt. Seine Aufgabe: die Verteidigung der Grenze gegen Angriffe der feindlichen Nachbarn, der Germanen.

Woher diese Klarheit? Ganz einfach: Nachdem das Lager fertig gestellt war, installierte man über einem seiner Tore eine große steinerne Tafel mit einer Inschrift, die jedermann über den Bauherrn und die Bauzeit informierte. Diese Inschrift – ein großer Glücksfall! – ist bis heute erhalten geblieben; damit kann Regensburg sich rühmen, über die älteste „Gründungsurkunde" einer deutschen Stadt überhaupt zu verfügen.

Anfänge

Mit dem Jahr 179 beginnt die Geschichte Regensburgs; das kann man ohne Wenn und Aber festhalten. Eine Relativierung ist aber trotzdem zu machen, oder besser: Eine Präzisierung ist vorzunehmen. Was damals beginnt, ist die Geschichte Regensburgs, nicht die Geschichte des Regensburger Raums. Sie reicht

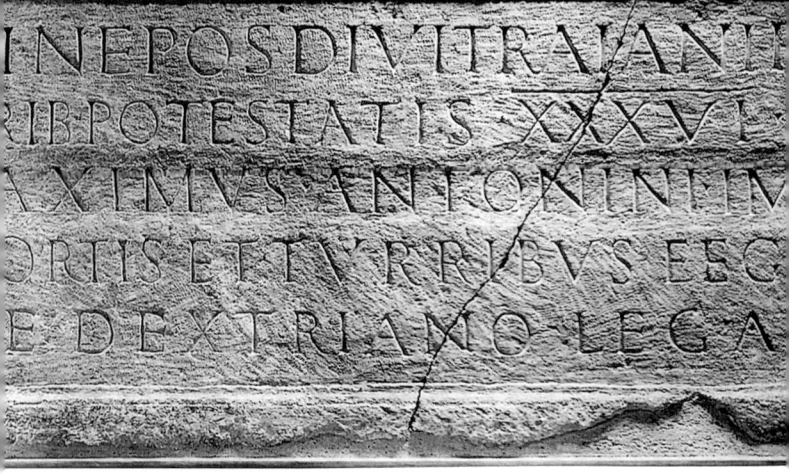

„Gründungsurkunde" von Regensburg (Ausschnitt). Die Steintafel mit Inschrift zu den Einzelheiten der Gründung des römischen Legionslagers im Jahr 179 nach Christus befand sich ursprünglich über dessen Osttor (porta principalis dextra). – Regensburg, Historisches Museum.

wesentlich weiter zurück in die Vergangenheit. Siedlungsspuren am nördlichsten Punkt der Donau gibt es nämlich bereits viel früher, in der Jungsteinzeit, also um 5000 vor Christus; seither brechen Funde, die Rückschlüsse zulassen auf die Existenz von kleinen Siedlungen, von Grablegen, von Schatzhorten und so weiter nicht mehr ab.

Die Gründe, weshalb die Region früh und dauerhaft besiedelt wurde, liegen auf der Hand. Zum einen: die günstigen Lebensbedingungen. Das Tal der Donau bietet ein relativ angenehmes Klima; die Temperaturen sind milder als an vielen anderen, vor allem nördlich und nordöstlich gelegenen Stellen des Umlands. Auf der Südseite der Donau öffnet sich, von Westen nach Osten weiter werdend, ebenes Gelände, die so genannte „Regensburger Bucht". Hier sind die Böden überaus fruchtbar: ideale Voraussetzungen für eine ertragreiche Landwirtschaft.

Zum anderen: Im Regensburger Raum trafen schon in vorgeschichtlicher Zeit wichtige Verkehrswege aufeinander. Man darf sich diese Wege natürlich nicht einmal ansatzweise als ausgebaute Straßen vorstellen; eher muss man an mehr oder weniger häufig begangene Pfade denken. Bemerkenswerter-

REGENSBURGS „GRÜNDUNGSURKUNDE"

„Der Imperator Caesar (…) Marcus Aurelius Antoninus Augustus, Germanensieger, Sarmatensieger, Oberster Priester, mit Tribunengewalt zum 36. Mal, Feldherr zum neunten Mal, Konsul zum dritten Mal, Vater des Vaterlandes, und der Imperator Caesar Marcus Aurelius Commodus Antoninus Augustus, der Sarmatensieger, der allergrößte Germanensieger, des Imperators Antoninus Sohn, (…) mit Tribunengewalt zum vierten Mal, Feldherr zum zweiten Mal, Konsul zum zweiten Mal, haben die Umwehrung mit Toren und Türmen für die 3. Italische Legion, die Einträchtige, machen lassen": Das ist – hier in gekürzter Form zitiert, aber auch so immer noch höchst eindrucksvoll klingend – der Wortlaut der „Gründungsurkunde" von 179 (Übersetzung: Karlheinz Dietz). Nach der Römerzeit waren die Steine mit der Inschrift über Jahrhunderte hinweg zusammen mit anderem Bauschutt im Erdreich verborgen; bei Bauarbeiten im Bereich des heutigen Dachauplatzes wurden sie 1873 teilweise wiederentdeckt und um das, was fehlte, sinngemäß ergänzt. Aus der genauen Nennung der Titel von Kaiser Mark Aurel und seinem Sohn und Mitregenten Commodus ergibt sich umgerechnet die Jahreszahl 179; aus der Formulierung „Umwehrung mit Toren und Türmen für die 3. Italische Legion" (im lateinischen Original: „vallum cum portis et turribus legioni III Italicae") die Funktion als Militärlager.

weise aber lassen sie sich mit etwas Phantasie sogar noch auf einem modernen Stadtplan nachziehen. Einer von ihnen führte am Südufer der Donau entlang, in gebührendem Sicherheitsabstand zum Fluss und zu dessen Überschwemmungsgebieten; heute ist das die Verbindung von der Straubinger Straße im Osten Regensburgs über die Platzfolge innerhalb der Altstadt zum Hochweg im Westen. Dort stieß der Weg auf den Bogen, den die Donau bildet; überquerte man sie, ging es im Tal der hier mündenden Naab weiter. Setzte man schon vorher, ein Stück flussabwärts, über die Donau, an einer Stelle, die man im Bereich des heutigen Eisernen Stegs lokalisiert, gelangte man auf eine Route, die direkt nach Norden führte. Ihr erster Abschnitt, der ohne Umweg und dementsprechend steil ansteigend die jenseitigen Hänge der Donau, die Winzerer Höhen, erklomm, ist in Gestalt des Schelmengrabens beinahe original erhalten geblieben; dessen tiefe Einkerbung ins Gelände zeugt deutlich von sehr langem Gebrauch. In entgegengesetzter Richtung führte dieser Weg südwärts vom Fluss weg hinauf zum Ziegetsberg; heute verlaufen hier die Kumpfmühler und die Augsburger Straße. Mit anderen Worten: Am nördlichsten Punkt der Donau existierte eine Kreuzung von vorgeschichtlichen Verkehrswegen, die aus allen vier Himmelsrichtungen zusammenkamen. Genutzt wurden sie schon damals in erster Linie von Händlern. Gewiss: Der Warenaustausch war seinerzeit nicht sonderlich intensiv, aber er überspannte bereits erstaunlich weite Distanzen. Funde belegen zum Beispiel, dass bestimmte Metalle auf der Nord-Süd-Route von Böhmen bis ins Alpenland oder auch in umgekehrter Richtung gebracht wurden.

Angesichts so günstiger Rahmenbedingungen wird verständlich, warum sich Menschen schon frühzeitig im Regensburger Raum angesiedelt haben. Freilich: Vom Umfang, in dem das geschah, darf man sich keine falschen, übertriebenen Vorstellungen machen. Die Siedlungen waren jeweils sehr klein und über die Landschaft verstreut; und vor allem: Es gab keinen zentralen, festen Ort, den man in irgendeiner Weise als Vorläufer der späteren Stadt Regensburg bezeichnen könnte.

Das gilt auch und insbesondere für den letzten Zeitabschnitt vor der Ankunft der Römer, den der Kelten, die etwa ab 500 vor Christus in der Region lebten. Eine keltische Stadt Regensburg hat nicht existiert: Dieser gewissermaßen negative Sachverhalt muss deshalb so ausdrücklich betont werden, weil sich vielfach immer noch die Auffassung hält, zur Zeit der Kelten habe am nördlichsten Punkt der Donau eine Großsiedlung namens „Rataspona" bestanden. Nun hat es zwar solche keltischen Großsiedlungen, „oppida" genannt, durchaus gegeben, einige von ihnen sogar in der näheren oder weiteren Umgebung von Regensburg, so zum Beispiel in Kelheim oder in Manching bei Ingolstadt; von ihrem Charakter her dürften sie dem, was man gemeinhin unter einer Stadt versteht, recht nahe gekommen sein, mit wehrhaften Befesti-

„DIE GEGEND MUSSTE EINE STADT HIERHER LOCKEN"
Den Zusammenhang, der im Fall von Regensburg zwischen den natürlichen und naturräumlichen Voraussetzungen des Orts auf der einen und der Ansiedlung von Menschen auf der anderen Seite besteht, hat bereits Johann Wolfgang von Goethe mit klarem Blick gesehen. Er war es auch – und wer sonst sollte es sein? –, der ihn bis heute am prägnantesten in Worte gefasst hat. Von Karlsbad kommend, auf seiner „Italienischen Reise" unterwegs in Richtung Süden, weilte er am 4. und 5. September 1786 in Regensburg und hielt, wie überall, wohin er kam, in seinem Tagebuch seine Eindrücke fest. Im Anschluss ging es weiter nach Italien, wo er sich bis Mai 1787 an verschiedenen Orten umschaute – und danach dauerte es noch einmal Jahre und Jahrzehnte, bis er schließlich, in zwei Teilen 1813 und 1817, das Ganze veröffentlichte. Es war also Zeit genug für allerlei Überarbeitungen, Stilisierungen und vielleicht auch Verklärungen. Dennoch klingt seine Bemerkung über Regensburg eher nüchtern und prägnant und deshalb besonders glaubwürdig, wenn er kurz und bündig notiert: „Regensburg liegt gar schön; die Gegend musste eine Stadt hierher locken." – ein Spruch, der am Ort noch heute in aller Munde ist. Der Vollständigkeit halber, und weil sie für Regensburg ein durchaus charakteristisches Bild zeichnen, seien an dieser Stelle gleich noch ein paar weitere Einlassungen Goethes zitiert: „… auch haben sich die geistlichen Herren wohl bedacht. Alles Feld um die Stadt gehört ihnen, in der Stadt steht Kirche gegen Kirche und Stift gegen Stift. Die Donau erinnert mich an den alten Main. Bei Frankfurt haben Fluss und Brücke ein besseres Ansehen" – dem muss aus Regensburger Sicht natürlich energisch widersprochen werden! – „hier aber nimmt sich das gegenüberliegende Stadtamhof recht artig aus."

gungsanlagen, mit zahlreicher Bevölkerung, mit ausdifferenzierter Gesellschaft. Nur: All das existierte im Regensburger Raum nicht; das ist jedenfalls der gesicherte Befund der Prähistoriker und Archäologen. Für die Zeit der Kelten bleibt deshalb wie für die Vor- und Frühgeschichte insgesamt festzuhalten: Kleine Siedlungen, Streusiedlungen: ja; eine zentrale Großsiedlung: nein.

KELTENSTADT „RATASPONA"?

Die Theorie von der Existenz der keltischen Stadt „Rataspona" hat sowohl bei den Forschern als auch im Bewusstsein der Regensburger über Generationen hinweg einen festen Platz behauptet; der im Grunde einzige Beleg – freilich einer, der auf den ersten Blick immer sehr überzeugend wirkt – war eben der überlieferte Name „Rataspona". Er taucht in einer schriftlichen Quelle aus dem 8. Jahrhundert nach Christus erstmals auf; und er stammt – da sind sich die Experten einig – unzweifelhaft aus der Sprache der Kelten. Vom keltischen Namen muss man jedoch nicht zwangsläufig auf eine keltische Stadt schließen; mit „Rataspona" kann alles mögliche bezeichnet worden sein. Etymologische Überlegungen heutiger Wissenschaftler, die das Wort auf verschiedene Weise mit „Flussufer" in Verbindung bringen, scheinen darauf hinzudeuten, dass mit „Rataspona" ursprünglich vielleicht eine Schiffsanlegestelle an der Donau bezeichnet wurde, die möglicherweise im Bereich des heutigen Eisernen Stegs zu lokalisieren ist, wo wahrscheinlich eine alte Fernstraße den Fluss überquerte ... Eine Theorie, die viel mit „vielleicht", „möglicherweise", „wahrscheinlich" arbeitet: Sie löst sich aber jedenfalls von der irrigen Auffassung, dass aus der Existenz des Wortes „Rataspona" zwangsläufig auch die einer Stadt „Rataspona" folgen müsse. Bemerkenswert und letztlich nicht zu klären bleibt allerdings der merkwürdige Befund, dass just diese mysteriöse Bezeichnung die Jahrhunderte überdauert hat und zum heute noch gebräuchlichen zweiten Namen für Regensburg geworden ist: „Ratisbona".

Die Römer

Viel an Vermutungen und Erschließungen ist nötig, wenn man sich mit der Vor- und Frühgeschichte des Regensburger Raums beschäftigt; wenig Konkretes ist bekannt vom Tun und Lassen der Menschen. Das ändert sich schlagartig, als die Region unter die Herrschaft der Römer gerät. Ab jetzt gibt es wesentlich mehr und besser erhaltene Funde; und es gibt – erstmals – schriftliche Zeugnisse. Ab jetzt, mithin, steht man bei der Betrachtung der Vergangenheit auf relativ festem Boden.

Es begann mit einem regelrechten Blitzkrieg: Im Jahr 15 vor Christus zogen die Römer von Italien aus gegen unbotmäßige Volksstämme im Alpenraum zu Felde; sie waren so erfolgreich, dass sie binnen Kurzem nicht nur das Gebirge selbst, sondern auch sein nördliches Vorland bis zur Donau unter ihre Kontrolle gebracht hatten. In der Folge, wie immer und überall, machten sie sich daran, das Gewonnene dauerhaft zu sichern und in ihr Reich zu integrieren. Truppen wurden stationiert, befestigte Stützpunkte angelegt, Städte gegründet, Straßen gebaut. Die Römer taten sich dabei ziemlich leicht; sie trafen auf keinerlei Widerstand. Die Kelten, die noch ein, zwei Generationen zuvor das Land beherrscht hatten, waren aufgrund heftiger innerer und äußerer Auseinandersetzungen geschwächt und geradezu dezimiert, das Land nur noch äußerst dünn besiedelt. Keine Probleme also für die Römer; das heißt aber zugleich: Sie hatten keine sonderliche Eile damit, ihre Herrschaft auch militärisch zu konsolidieren; eine ernste Bedrohung war ja nirgendwo in Sicht. Deshalb waren sie auch nicht sofort und unverzüglich bemüht, die Grenze des neu gewonnenen Gebiets an der Donau zu befestigen und zu überwachen; es ist sogar zweifelhaft, ob sie die Donau zu diesem frühen Zeitpunkt überhaupt schon als „Grenze" definierten. Der Aufbau der neuen römischen Provinz Rätien konzentrierte sich jedenfalls mehr auf das Hinterland; der Regensburger Raum blieb von entsprechenden Aktivitäten zunächst völlig unberührt.

Im Verlauf des ersten Jahrhunderts nach Christus änderte sich das Bild allmählich. Der Anstoß dazu kam von außerhalb der Region: Die Römer scheiterten mit ihrem Versuch, die germanischen Gebiete östlich des Rheins zu unterwerfen; daraufhin gingen sie zu einer mehr defensiven Strategie über, die auf Wahrung und Sicherung des aktuellen Bestands abzielte. Jetzt rückten geografische Gegebenheiten ins Blickfeld, Linien, Barrieren, die als „natürliche Grenze" dienen konnten; und bei der Suche danach stieß man zwangsläufig auf die beiden großen Flüsse, den Rhein und die Donau. Der eine von ihnen, der Rhein, war bereits mit einer beträchtlichen militärischen Infrastruktur versehen, mit großen Legionslagern und kleineren Stützpunkten und Beobachtungsposten dazwischen, mit Verbindungswegen und Nachschubstraßen; von hier aus hatte man schließlich jahrzehntelang die aufwändigen Feldzüge gegen die Germanen organisiert. Ähnliches wurde jetzt an der Donau nachgeholt, allerdings bei Weitem nicht in so großem Stil. Denn: Anders als am Rhein gab es hier jenseits der neuen Grenzlinie keinen Feind, der auch nur annähernd derart bedrohlich gewirkt hätte. Ganz im Gegenteil: Nördlich und nordöstlich lagen äußerst unwirtliche Gegenden, undurchdringliche Wälder, schwer passierbare Gebirgszüge; sie waren weitgehend unbewohnt und aus der Perspektive der Römer relativ ungefährlich. So konnte man sich auf kleinere militärische Grenzposten beschränken; sie dienten eher der Beobachtung als der Verteidigung – was zunächst auch völlig ausreichte.

Das erste römische Lager

Es lag nahe, dass der Blick der Römer in diesem Zusammenhang auch auf den Regensburger Raum fiel. Schließlich war die Gegend gleich in zweierlei Hinsicht interessant. Zum einen: Hier hatte die Donau, das heißt: die Grenze, ihren nördlichsten Punkt; das war von grundsätzlicher strategischer Bedeutung. Zum anderen: Hier mündeten, von Norden kommend, zwei größere Seitenflüsse in die Donau, die Naab und der Regen; hier war somit eine der wenigen Stellen, wo sich eine Lücke auftat in der natürlichen Barriere von Wald und Gebirge jenseits der Grenze. Militärisch gedacht: Wenn einmal ein Feind aus dem Norden angreifen würde, dann würde er sozusagen automatisch hierher gelenkt werden; deshalb war an diesem kritischen Ort ein Kontrollpunkt unverzichtbar.

Dass die Römer früher oder später darauf verfallen mussten, auch im Regensburger Raum aktiv zu werden, ist also offensichtlich; weniger offensichtlich ist jedoch, wann genau sie das taten. Oder besser: Ohne jeden Zweifel, mit Belegen in großer Anzahl, existierte ein militärischer Stützpunkt ungefähr ab dem Jahr 80 nach Christus; unklar ist nur, ob er einen Vorläufer hatte, der eventuell schon in die Zeit um 40 bis 50 nach Christus zu datieren wäre. Von diesem Vorgänger hat man –

bisher jedenfalls – nichts Konkretes gefunden; es gab jedoch in derselben Zeit bereits Anlagen an anderen Abschnitten der Donau, so dass es nur vernünftig wäre, etwas Vergleichbares auch für den Regensburger Raum anzunehmen. Aber wie gesagt: Belegbar ist davon – noch – nichts.

Auf wirklich festem Boden steht man erst ab etwa 80 nach Christus – wobei die Metapher ganz wörtlich zu nehmen ist: Der Stützpunkt, den die Römer damals anlegten, oder jedenfalls seine Überreste sind nämlich bei archäologischen Forschungen in den 1920er-Jahren ausgegraben worden. Entsprechend klare Aussagen können deshalb gemacht werden. Der Ort: Das Militärlager befand sich nicht in der Flussebene, sondern ein Stück südwärts ins Hinterland versetzt, auf einem Hügel im heutigen Stadtteil Kumpfmühl. Die Ausmaße: Es hatte einen annähernd quadratischen Grundriss mit einer Seitenlänge von 154 mal 145 Meter. Die Bauweise: Es war umgeben von einer Umwallung in Holz-Erde-Technik, konkret: von zwei parallel verlaufenden hölzernen Palisaden, deren Zwischenraum mit Erde gefüllt war; dazu kamen, ebenfalls aus Holz, diverse Türme und, im Vorfeld, ein Graben. In einer zweiten, späteren Bauphase wurden diese Befestigungen durch eine Steinmauer mit zwei davorliegenden Gräben ersetzt. Die Besatzung: Das Lager bot Platz für eine kleinere Einheit des römischen Heeres, eine Kohorte mit einer Kampfstärke von etwa 500 Soldaten.

So weit die wichtigsten belegbaren Fakten; von ihnen ausgehend lässt sich das weitere Umfeld der Gründung relativ problemlos erschließen. Es ist anzunehmen, dass sie in eine Zeit fiel, in der die Römer nach einer Phase der Konsolidierung gegenüber den Germanen wieder aktiv wurden. In den Jahrzehnten von 70 bis 90 nach Christus begannen sie, den Landstrich zwischen den Oberläufen von Rhein und Donau zu besetzen; das half ihnen, den ungünstigen, überdehnten Grenzverlauf längs der beiden Flüsse beträchtlich abzukürzen. In die gleiche Zeit fällt ein kurzer Feldzug gegen den germanischen Volksstamm der Chatten. Dabei wurden etliche neue Stützpunkte errichtet; vor diesem Hintergrund ist auch die Gründung des Lagers von Kumpfmühl zu sehen.

Und auch die Aufgaben des Postens und der dort stationierten Soldaten zu definieren fällt nicht schwer. Von seiner Größe und seiner Bauweise her war das Lager bei Weitem zu klein, um im Fall einer massiven Attacke von jenseits der Donau tatsächlich echten Widerstand leisten zu können; vielmehr war eher an Beobachtung und Kontrolle des Feindeslands samt der Einfallsrouten potenzieller Angreifer längs der Flusstäler von Naab und Regen gedacht. Für diese Funktion war der Standort des Lagers ideal gewählt: Vom Hügel aus hatte man eine weite Sicht in Richtung Norden. Und bei Gefahr konnte man rasch Alarm schlagen: Südwärts, der vorgeschichtlichen Trasse zum Ziegetsberg hinauf und ihrer Verlängerung folgend, führte eine Militärstraße direkt nach Augsburg, der Hauptstadt der Provinz Rätien, der man zugehörte; so konnten im Verteidigungsfall rasch Nachrichten übermittelt und von dort aus geeignete Gegenmaßnahmen ergriffen werden.

Wie bei allen römischen Militärstützpunkten blieben die Soldaten nicht lang allein. Um das Lager herum siedelten sich allmählich Zivilisten an. Es kamen Handwerker und Händler, die Gebrauchsgegenstände und Lebensmittel bereitstellten; es kamen Wirte, die für das leibliche Wohl sorgten; es kamen Frauen und bald auch Kinder als Familienangehörige. (Theoretisch durfte ein Soldat während seiner Dienstzeit nicht heiraten; in der Praxis aber gab es natürlich alle möglichen Formen inoffiziellen Zusammenlebens.) Und: Viele Soldaten blieben nach dem Ende ihrer Jahre und Jahrzehnte währenden Dienstzeit am vertraut gewordenen Dienstort einfach wohnen. So entstand allmählich außerhalb der Befestigungen des Lagers ein kleines Dorf („vicus") mit Wohnhäusern aus Holz oder aus Stein, mit Werkstätten, mit typisch römischen Badeanlagen und so weiter. Eine Keimzelle römischer Provinzkultur bildete sich – nichts Großartiges natürlich, wie man es aus den städtischen Zentren des Reichs kannte, aber auch nichts völlig Primitives und Unbedeutendes. Aus Funden kann man, immerhin, entnehmen, dass der kleine Vorposten an der Donaugrenze Güter importierte, die nicht nur dazu dienten, die einfachsten Lebensbedürfnisse zu befriedigen, sondern die auf einen gewissen bescheidenen Wohlstand schließen lassen, Erzeugnisse

DIE OBERPFALZ IM BUCH

Bild- und Geschenkbände
Geschichte und Geschichten
Wirtshäuser und Wanderungen

VERLAG FRIEDRICH PUSTET

DIE OBERPFALZ IN NEUEM LICHT

Simon Süß
DIE OBERPFALZ
Mit Texten von Manfred Knedlik und Alfred Wolfsteiner

272 S., 230 farbige Abb.
mit 3 ausklappbaren
Panoramaseiten
Hardcover, mit Lesebändchen
ISBN 978-3-7917-3358-6
Einführungspreis bis 31.01.2023:
€ (D) 39,95
Danach: € (D) 49,95

Diese Reise in Bildern widerlegt viele Vorurteile, mit denen die Oberpfalz lange zu kämpfen hatte. Simon Süß gelingt es eindrucksvoll, den Zauber ihrer so unterschiedlichen Landschaften, ihrer Städte, ihrer Dörfer einzufangen. Kurzweilige und informative Texte der renommierten Autoren Manfred Knedlik und Alfred Wolfsteiner ergänzen diesen prachtvollen Bildband, der eine facettenreiche Region in ein neues, unbekanntes Licht taucht. Dieses Buch ist ein Muss für jede Oberpfälzerin und jeden Oberpfälzer!

50 HISTORISCHE WIRTSHÄUSER IN DER OBERPFALZ

Der erfolgreiche Kulturführer versammelt 50 historische Wirtshäuser, die ihren Charakter bewahrt haben.

»Der sehr gelungenen, aufschlussreichen Oberpfälzer ›Wirtshaus-Enzyklopädie‹ seien viele Leser vergönnt.« BAYERN IM BUCH

186 S., durchg. farbig bebildert
Hardcover, mit Lesebändchen
ISBN 978-3-7917-2475-1, € (D) 24,95

der Feinkeramik zum Beispiel. Solche Importe kamen übrigens von weit her, aus Frankreich, aus Italien, aus Spanien; sie belegen, dass der Handel, den man betrieb, ziemlich gut organisiert gewesen sein muss.

Vom Lager aus nordwärts bauten die Römer den uralten Weg aus, der zur Donau und einer dort möglicherweise schon seit keltischer Zeit bestehenden Schiffsanlegestelle führte. An seinem letzten Stück, im Bereich des heutigen Bismarck- und Arnulfsplatzes, entwickelte sich eine zweite zivile Siedlung, die in Ausmaß und Infrastruktur der oben auf dem Hügel sehr ähnlich war. Ihre durch zahlreiche Funde einwandfrei belegte Existenz hat zu der Überlegung Anlass gegeben, dort habe möglicherweise ein weiteres Lager bestanden. Von ihm sind zwar bisher keine konkreten Überreste gefunden worden; im Vergleich mit anderen römischen Grenzorten kommt man jedoch zu bemerkenswerten Ergebnissen. Erstens: An keiner Stelle der Grenze gab es eine Zivilsiedlung ohne zugehöriges, unmittelbar benachbartes Lager. Zweitens: An manchen Stellen der Grenze gab es nicht Einzel-, sondern Doppellager, und zwar an denen, die strategisch gesehen besonders exponiert waren. Beides spricht eigentlich dafür, dass man auch im Regensburger Raum angesichts von zwei Zivilsiedlungen auf zwei Lager, mit zwei Kohorten, die in ihnen stationiert waren, schließen kann oder muss. Eine Theorie, die in jüngster Zeit durch einzelne bruchstückhafte Funde an Plausibilität gewonnen hat; allerdings fehlen ihr immer noch konkrete und stringente archäologische Beweise.

Das zweite römische Lager

Knapp 100 Jahre lang blieben die Römer – Soldaten wie Zivilisten – in ihrer Stellung ungestört; dann brach das Unheil über sie herein. Weniger dramatisch ausgedrückt: Es geschah exakt das, weswegen die Truppen eigentlich stationiert waren – allerdings in einem Ausmaß, das ihre Kräfte schlicht überforderte. Die Germanen kamen, genauer gesagt: die Markomannen, ein Volksstamm, der in Böhmen beheimatet war. Sie durchbrachen um 170 nach Christus in großer Zahl und auf breiter Front die Donaugrenze. Die Römer hatten ihnen zunächst nicht viel entgegenzusetzen. Ihre Truppen waren durch einen jahrelangen Krieg, den sie im Osten des Reichs hatten führen müssen, geschwächt; außerdem wütete allenthalben eine schwere Pest, der die Menschen in großer Zahl zum Opfer fielen. Die Markomannen nutzten die Gunst der Stunde: Über die mittlere Donau fielen sie auf römisches Gebiet ein und drangen zeitweise bis nach Oberitalien vor. Ein Teil von ihnen wählte eine andere Route: Von ihrer Heimat in Böhmen aus folgten sie dem Tal des Regen und stießen in den Regensburger Raum vor – exakt nach dem Szenario, wie es die römischen Militärstrategen für den Ernstfall vorausgesehen hatten. Die Angreifer waren jedoch viel stärker als erwartet. Sie überwältigten die römischen Truppen; sämtliche Lager an dem Grenzabschnitt zwischen Eining flussaufwärts und Straubing fluss-

DER RÖMERSCHATZ VON KUMPFMÜHL

Die Forschungen der Archäologen haben dazu geführt, dass man sich vom gewaltsamen Ende der ersten militärischen und zivilen römischen Siedlungen im Regensburger Raum ein sehr deutliches Bild machen kann. Brandschichten bedecken die Überreste der Bauten; sie zeugen von gewaltsamer Zerstörung. In den Brandschichten sind große Mengen an Waffen und Waffenteilen enthalten – Beweisstücke von schweren Kämpfen, die während des Brandes stattgefunden haben. Und dann, wie so oft in Zeiten von Krieg und Zerstörung: Münzschätze. Der bedeutendste wurde 1989 im Bereich des Lagerdorfs von Kumpfmühl geborgen, ein Kessel mit 25 Gold-, 610 Silber- und 3 Bronzemünzen, dazu Gold- und Silberschmuck, goldene Siegelringe, ein kleiner silberner Becher und ähnliches, zu datieren exakt in die Zeit der Markomannenkriege. Ein Bewohner der römischen Zivilsiedlung, offensichtlich einer von nicht unbedeutendem Wohlstand, wird ihn vergraben haben; dass er noch Zeit dazu fand, zeigt, dass die Katastrophe nicht über Nacht gekommen sein kann, dass man sie vielmehr herannahen gesehen haben muss – in dem Maß, in dem die Feinde sich der Grenze näherten. Was die Menschen dabei empfanden, kann man sich unschwer vorstellen …

Münzschatz von Kumpfmühl. Der Schatz wurde im Zusammenhang mit den Markomannenkriegen um 167 im Bereich der Zivilsiedlung des römischen Kohortenlagers vergraben. – Regensburg, Historisches Museum.

abwärts von Regensburg wurden vollständig zerstört, und zusammen mit ihnen natürlich auch die bestehenden Zivilsiedlungen. In Feuer und Rauch ging der erste Abschnitt römischer Anwesenheit im Regensburger Raum zu Ende.

Der Einfall der Markomannen war ein schwerer Schlag für die an Sieg und Erfolg gewöhnten Römer; es gelang ihnen jedoch binnen Kurzem, ihn zu parieren und zur Gegenoffensive überzugehen. Der regierende Kaiser Mark Aurel hob neue Truppen aus und eilte mit ihnen persönlich in die bedrohten Grenzgebiete; in mehreren Gefechten drängte er die Markomannen wieder über die Donau zurück. Im Jahr 175 wurde Frieden geschlossen.

Die akute Krise war damit gebannt; jetzt hatte man Zeit für grundsätzliche Überlegungen. Eins war klar: Das System der Grenzverteidigung an der Donau musste überdacht werden; schließlich hatte es sich bei der ersten ernsten Belastungsprobe als zu schwach erwiesen. Offensichtlich drohte die Gefahr massiver Angriffe von Germanen ab jetzt nicht mehr nur am Rhein, sondern auch an der Donau; und offensichtlich reichten die natürlichen Barrieren von Fluss, Wald und Gebirge dagegen nicht aus. Die logische Schlussfolgerung: Wie am Rhein mussten auch hier in gewissen Abständen statt einfacher Beobachtungs- und Kontrollposten massive Lager entstehen, die feindliche Angriffe ganz konkret abwehren konnten. Und in ihnen mussten jeweils große Kampfverbände stationiert werden, am besten gleich komplette Legionen des römischen Heeres.

Das war, in Grundzügen, das neue Verteidigungskonzept. Es liegt auf der Hand, dass dabei auch und gerade dem Regensburger Raum eine besondere Bedeutung zukam. Hier war nach wie vor der nördlichste Punkt der Donaugrenze; hier war nach wie vor in Gestalt der Flusstäler und -mündungen von Naab und Regen eine natürliche Pforte, die Angreifer geradezu einlud. Kaiser Mark Aurel persönlich gab demgemäß den Befehl: Ein neues Militärlager wurde errichtet, ein weitaus größeres diesmal, das nicht nur eine Kohorte, sondern eine ganze Legion aufnahm. Der entscheidende Unterschied im Vergleich zu früher: Jetzt ging es nicht mehr um Beobachtung, sondern um Verteidigung; deshalb entstand das neue Lager nicht am Ort des alten, auf einem südwärts der eigentlichen Grenzlinie gelegenen Hügel, von dem aus man einen guten Überblick hatte, sondern direkt an der Donau. Hier, in der Ebene, war mehr Platz; hier konnte man einem potenziellen Angreifer augenblicklich, sowie er im Begriff war, den Fluss zu überqueren, wirksam entgegentreten. Oder noch besser: Im günstigsten Fall konnte man ihn durch die schiere Präsenz, dadurch, dass er vom Nordufer aus das Lager in seiner ganzen imposanten Größe sah, vielleicht sogar schon gleich von vornherein dazu bewegen, sein Vorhaben aufzugeben und umzukehren. Deshalb die Positionierung

DIE NAMEN VON REGENSBURG

„Castra Regina": Aus dem Namen, den die Römer ihrer Militärsiedlung gaben, wurde in direkter Übersetzung ins Deutsche das spätere „Regensburg", nach dem Schema „Castra Regina" = „Lager am Regen" = „Burg am Regen" = „Regensburg". Und „Regina" = „Regen": Diesen Namen für den Seitenfluss der Donau hatten die Römer von den Kelten übernommen. In ihrer Sprache bedeutete „Regina" (mit Betonung auf der ersten Silbe) einfach „fließendes Wasser", „Fluss". An dieser Stelle sei darauf hingewiesen: Mit einer „Königin", lateinisch „Regina" (mit Betonung auf der zweiten Silbe) hat Regensburg nichts zu tun – so wenig wie mit dem Regen, der vom Himmel fällt. Die Bezeichnung „Regina" für „Fluss" kommt auch noch andernorts vor; zum Beispiel hat das Wort „Rhein" die gleiche Wurzel. (Die Verbindung „Regina" – „Regen" – „Rhein" lässt sich gerade in Regensburg sehr gut nachvollziehen. Einer der heutigen Stadtteile, hervorgegangen aus einem ehemaligen Dorf, heißt „Reinhausen", und zwar wegen seiner Lage am Regen. Im Mittelalter sprach und schrieb man bezeichnenderweise nicht „Reinhausen", sondern „Reginhusen"; daran wird der Zusammenhang noch besser deutlich.) Etwas komplizierter wird die Angelegenheit allerdings, wenn man bedenkt, dass die Römer neben „Castra Regina" noch eine ganze Menge anderer Namen verwendeten. Streng genommen ist „Castra Regina" sogar einer, der überhaupt erst ziemlich spät, um 400, auftaucht. Vorher nannte man den Ort „Legio" (für „Legion", „Legionsstandort") oder „Castra" (für „Lager", „Legionslager") oder „Reginum" (vom „Regen"). Diese Vielzahl unterschiedlicher Namen hängt wohl damit zusammen, dass sie genau genommen jeweils Unterschiedliches meinten, das Militärlager oder die Zivilsiedlung, vielleicht auch das erste Lager und die Siedlung vor 170 und das zweite Lager und die Siedlung nach 179. Und dann, zu allem Überfluss, hielt sich offensichtlich während der gesamten römischen Zeit auch noch die alte keltische Bezeichnung „Rataspona"; aus ihr wurde später, im Mittelalter, „Ratisbona". Dieser Name wiederum fand seinen Weg in viele moderne Sprachen; deshalb heißt Regensburg bei den Italienern „Ratisbona", bei den Franzosen „Ratisbonne", bei den Engländern „Ratisbon" und so weiter …

Porta Praetoria. Vom Nordtor des römischen Legionslagers sind ein Torbogen und ein Flankenturm erhalten. Ursprünglich bestand die Anlage in ihrer Gesamtheit wohl aus zwei gleich großen Toren und zwei Flankentürmen (deren Höhe das Niveau des erhaltenen deutlich überragte), vergleichbar der berühmten *Porta Nigra* in Trier.

des Lagers am Fluss, und dort auch nicht an beliebiger Stelle, sondern ziemlich genau gegenüber der Mündung des Regen, der klassischen Einfallsroute. „Castra Regina", das „Lager am Regen": So wurde der neue Stützpunkt konsequenterweise genannt. Schon im Jahr 179 nach Christus war er bezugsfertig und wurde von der 3. Italischen Legion in Besitz genommen. Das war die Geburtsstunde von Regensburg.

Im Lauf von fast 2000 Jahren kontinuierlicher Besiedlung haben sich die baulichen Strukturen von Regensburg naturgemäß stark verändert. Dennoch lassen sich zumindest die Außengrenzen des römischen Legionslagers noch heute im Stadtbild erkennen. Von oben, aus der Luft gesehen, zeichnet sich inmitten des Wirrwarrs der mittelalterlichen Altstadt ein annähernd quadratisches Geviert geradlinig verlaufender Straßen ab – genau hier befanden sich die Befestigungsanlagen der römischen Militärsiedlung.

Im Prinzip war das neue Legionslager ganz ähnlich aufgebaut wie das alte Kohortenlager, nur in weit größeren Dimensionen. Rechteckiger Grundriss, Längenmaße von 542 mal 453 Meter: Damit war es etwa elfmal so groß wie das von Kumpfmühl. Befestigungen von gewaltigen Ausmaßen umgaben die Anlage: eine Mauer, durchgehend aus Steinquadern errichtet, zehn Meter hoch, zwei Meter breit, mit zahlreichen Türmen;

dahinter eine rampenförmige Erdaufschüttung („agger"); davor ein Spitzgraben, sieben Meter breit, drei Meter tief. In der Mauer: Vier Tore, in jede Himmelsrichtung eins, so wie es dem Konstruktionsplan römischer Militärstützpunkte entsprach. Nach vorn, zum Feind hin (das hieß in Regensburg: nach Norden, zur Donau), die „porta praetoria"; nach rechts und links, also ostwärts und westwärts, die „porta principalis dextra" und die „porta principalis sinistra"; nach hinten, in Richtung Süden, die „porta decumana". Die Tore waren jeweils Doppeltoranlagen, sechs Meter breit, mit Flankentürmen, 20 Meter hoch. Eines der Tore, die „porta praetoria", ist bis heute teilweise erhalten, ebenso wie kleinere Abschnitte der Mauer; sie lassen die Dimensionen der Befestigungen erahnen. Die Abmessungen des Ganzen sind noch im heutigen Straßenplan erkennbar.

Das Innere des Lagers ist weniger gut dokumentiert; aufgrund späterer Überbauungen ist viel verloren gegangen. Es ist jedoch möglich, das Fehlende durch den Vergleich mit anderen Legionslagern zu erschließen; die Militärarchitektur war im ganzen Römischen Reich normiert und deshalb überall nahezu identisch. Zwei Hauptstraßen dienten der Erschließung: Zwischen den beiden „portae principales" verlief die „via principalis"; von ihr zur „porta praetoria" führte die „via praetoria". An der dadurch entstehenden Straßenkreuzung in der Mitte des Lagers befanden sich die wichtigsten Einrichtungen der Legion: die „principia" mit Fahnenheiligtum, Versammlungshalle, Schreibstuben und Waffenkammer, das „praetorium" mit der Kommandantur; daneben Werkstätten („fabricae"), das Lazarett („valetudinarium"), der Vorratsspeicher („horrea"), das Gefängnis („carcer"); darum herum bis zur Lagermauer die Baracken der Soldaten sowie Ställe, Schuppen und so weiter. Die Bauweise war solide, teilweise sogar ausgesprochen repräsentativ. Die Gebäude an der „via principalis" wurden durchgehend aus Stein errichtet, mit Säulen an den Fassaden; die Baracken bestanden immerhin noch aus steinernen Fundamenten und Aufbauten in Fachwerktechnik; teilweise gab es Fußbodenheizungen. Wasserleitungen aus dem Umland führten ins Lager; Abwasserkanäle nach außen dienten der Entsorgung.

Im Lager war eine Legion, die 3. Italische Legion, stationiert. Sie bestand – wie im römischen Heer üblich – aus 6000 Soldaten. Etwa 100 Soldaten – davon 80, die zur kämpfenden Truppe gehörten, und 20, die in der Verwaltung, als Handwerker, als Ärzte und so weiter arbeiteten – bildeten eine Centurie; sechs Centurien bildeten eine Kohorte; zehn Kohorten bildeten die Legion. Über den einfachen Soldaten standen Gefreite, Unteroffiziere und Centurionen; über diesen Präfekten, Militärtribune und, zuletzt, der Legionskommandant. Bei den Römern galt das Prinzip, dass die Spitzen der militärischen und der zivilen Gewalt in einer Hand lagen; deshalb fungierte der Legionskommandant gleichzeitig als Statthalter der Provinz Rätien. Provinzhauptstadt war Augsburg; das bedeutete in der Praxis, dass sich der Statthalter-Kommandant hauptsächlich dort aufhielt; am Standort der Legion vertrat ihn einer der Militärtribune.

Die Dienstzeit der einfachen Soldaten betrug in der Regel 20 Jahre; danach wurde man ehrenvoll entlassen oder konnte den Dienst verlängern – was viele, der langen Gewöhnung wegen, auch taten. Die höheren Ränge waren meist Berufssoldaten. Der alltägliche Dienst wird – wie immer und überall – nicht gerade reich an Abwechslung gewesen sein. Training, Wachdienste und Bauarbeiten: Damit verbrachte der Legionär seine Tage. Immerhin war von Zeit zu Zeit Erholung angesagt: An heißen Quellen in der Region bestand exklusiv für die Soldaten ein Thermalbad – das heutige Bad Gögging.

Neben dem Legionslager, ein paar Kilometer westwärts, gab es noch einen zweiten Stützpunkt. Am Bogen der Donau im Bereich des heutigen Stadtteils Prüfening gelegen, hatte er die Aufgabe, die andere potenzielle Einfallroute, das Tal und die Mündung der Naab, zu kontrollieren. Hier ging es – ähnlich wie früher im Fall des Lagers von Kumpfmühl – nur um Überwachung, nicht um Verteidigung; deshalb war der Stützpunkt auch wesentlich kleiner. Mit Maßen von 60 mal 80 Meter war er tatsächlich nur ein Außenposten; besetzt und unterhalten wurde er von abkommandierten Abteilungen der Legion. Ein Weg, der vorgeschichtlichen Trasse am Südufer der Donau folgend, verband ihn mit dem Legionslager.

Außerhalb der beiden Lager siedelten sich wieder – so wie es in Kumpfmühl bereits der Fall gewesen war – alle möglichen Zivilisten an, Handwerker, Händler und Wirte, Heereslieferanten, Familienangehörige der Soldaten, Veteranen; und je länger der Friede mit den Germanen andauerte, je mehr der Lebensstandard anstieg, desto größer und blühender wurden diese Siedlungen. Dies galt vielleicht nicht so sehr für das einfache, bescheidene Dorf („vicus"), das unmittelbar flussaufwärts und -abwärts des kleinen Stützpunkts gegenüber der Mündung der Naab entstand; dafür galt es umso mehr für die Zivilsiedlung des Legionslagers. Jenseits der Mauern entwickelte sich ein umfangreiches Händler- und Handwerkerviertel („canabae legionis"); dahinter schlossen sich Wohnstätten von Veteranen und Zugereisten an. Unter ihnen müssen sich einige durchaus wohlhabende, ja reiche Leute befunden haben; das erschließt sich – sofern archäologisch untersucht – aus der mitunter recht luxuriösen Ausstattung der Häuser. Angesichts des erstaunlich hohen Lebensstandards, der bei Grabungen immer wieder zu Tage tritt, ist anzunehmen, dass es wohl auch öffentliche Bauten gegeben hat, wie sie für größere römische Siedlungen typisch waren, Tempel, Thermen, Theater, Amphitheater und so weiter – auch wenn konkret von ihnen noch nichts gefunden worden ist. Von der Fläche her war die Siedlung sogar größer als das Lager; die Bebauung reichte südwärts bis zur heutigen Augustenstraße und westwärts bis zum Nonnenplatz und darüber hinaus. Im Norden, an der Donau, bestand die alte Schiffsanlegestelle fort; im Süden, jenseits der Wohngebiete, lagen ausgedehnte Friedhöfe.

Man sieht: Die römische Präsenz im Regensburger Raum beschränkte sich bei Weitem nicht auf das Legionslager. Militärische Außenposten, Zivilsiedlungen, Schiffsanlegestellen, Friedhöfe: Das alles gehörte zusammen. Zwischen den einzelnen Orten verliefen diverse Straßen und Wege; an markanten Punkten gab es Heiligtümer und Weihesteine, die zusätzlich die Landschaft akzentuierten. Und mehr noch: Im südlichen Hinterland lagen über die landwirtschaftlich nutzbaren Flächen hingestreut Dutzende von kleineren und größeren Bauernhöfen und Landgütern („villae rusticae"); sie produzierten

Merkur-Statue aus dem Heiligtum des Merkur am Ziegetsberg. Das Heiligtum wurde für Reisende unmittelbar an der Fernstraße von Regensburg nach Augsburg, der Hauptstadt der römischen Provinz Rätien, angelegt. – Regensburg, Historisches Museum.

einen Großteil der von Soldaten und Zivilisten benötigten Lebensmittel. Kurzum: Es war ein beeindruckendes Panorama, das sich dem Betrachter bot – am beeindruckendsten wohl von den Hängen des Ziegetsbergs aus, wo Reisende, unterwegs auf der Hauptstraße von Augsburg, das Ensemble des römischen Regensburg zu ihren Füßen ausgebreitet sahen. Hier war eine ideale Stelle zum Verweilen; hier gab es deshalb ein Heiligtum für Merkur, den Gott der Reisenden, zwecks Danksagung für glückliche Ankunft oder auch zwecks Bitte um glücklichen Aufbruch – je nachdem ...

Das Ende des römischen Regensburg

Es war ein friedliches und harmonisches Bild römischer Zivilisation, das sich den Blicken darbot; jedoch: Friedlich und harmonisch blieb es nur etwa sechzig Jahre lang. Schon in der ersten Hälfte des 3. Jahrhunderts machten sich erneut germanische Volksstämme bemerkbar und drängten gegen die Grenze; sie waren stärker als jemals zuvor. Was die Lage verschärfte und die Römer langfristig immer mehr in die Defensive drängte: Das Dilemma, das unter Kaiser Mark Aurel eine einmalige Ausnahme gewesen war, begann zum Dauerzustand zu werden. Die Römer kämpften im Osten ihres Reichs; die Garnisonen im Norden, an Rhein und Donau, wurden ausgedünnt; die Germanen nutzten die Gelegenheit zu beständigen Angriffen. An den Oberläufen der beiden Flüsse besonders gefürchtet: eine neue Volksgruppe, die Alemannen. Immer wieder fielen sie in Rätien ein; und diese Einfälle muss man sich zumindest für die Zivilbevölkerung, die in ihren unbefestigten Siedlungen und Bauernhöfen völlig wehrlos war, jedes einzelne Mal als Katastrophen größten Ausmaßes vorstellen, mit Sengen und Brennen, Verwüstung und Verheerung, Mord und Totschlag. Aber auch die Soldaten blieben nicht unbehelligt: Noch im 3. Jahrhundert, kurz vor 250 und kurz nach 270, wurde das Lager von Regensburg, trotz seiner massiven Befestigungen, zweimal erobert und zerstört.

Gewiss: Das zweimal zerstörte Lager wurde zweimal wieder aufgebaut – das zeigt im Kleinen, was für das Römische

GRÄUEL DER VÖLKERWANDERUNGSZEIT
Welchen Schrecken die Einfälle der Germanen über die Zivilbevölkerung im Regensburger Raum brachten, haben Funde im Bereich eines römischen Landguts im heutigen Stadtteil Harting beispielhaft ans Licht gebracht; hier wird, was in den Geschichtsbüchern meist sehr theoretisch klingt, plötzlich zum Schaudern und Entsetzen anschaulich. 1981 fand man in einem Brunnenschacht die Skelette von 13 Menschen, Männern, Frauen und Kindern. Allen waren die Schädel eingeschlagen; manche waren geköpft; die Frauen sämtlich skalpiert. Die nüchterne Schlussfolgerung der Fachleute: Bei einem Überfall von Germanen wurden die Bewohner des Landguts im Rahmen einer rituellen Handlung gefoltert und getötet und ihre toten Körper in einen Brunnen geworfen. Soweit der wissenschaftliche Befund; die Szene konkret und realistisch auszumalen, bleibt dem persönlichen Vorstellungsvermögen überlassen ...

Reich im Ganzen gilt: Erstaunlich lang und erstaunlich erfolgreich widerstand es dem wachsenden Druck von außen, der beginnenden Völkerwanderung. Freilich: Unter den durch Generationen und Generationen andauernden Belastungen verwandelte und verformte es sich bis zur Unkenntlichkeit: Aus einem relativ freizügigen Gemeinwesen wurde ein nahezu perfekter Zwangsstaat. Und ebenso grundlegend änderten sich das Aussehen und der Charakter des römischen Regensburg. Die Legion wurde aufgeteilt, etwa vier Fünftel der Soldaten dezentral an anderen gefährdeten Grenzabschnitten stationiert. Im Lager wurde Platz frei; das ermöglichte es den Zivilisten, ihre ungeschützten Wohngebiete zu verlassen und hinter den Mauern Zuflucht zu finden. Die Siedlung zog sich auf ihren Kern zusammen; das Umland wurde aufgegeben; die dortige Bebauung verfiel. Aus dem Lager wurde allmählich eine Stadt. Keine besonders ansehnliche allerdings; der einstige Wohlstand hatte sich längst verflüchtigt. Wer es sich leisten konnte, war mit Sack und Pack weggezogen; wer also blieb, blieb, weil er bleiben musste. Wegen der unsicheren Zeitläufte stagnierten Handel und Wandel; ein neuer Aufschwung war nicht in Sicht.

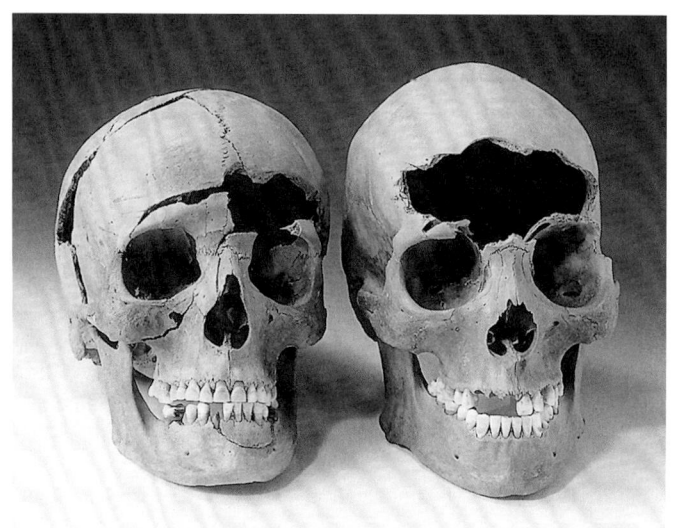

Schädel einer Frau (links) und eines Mannes (rechts) aus dem Bereich des römischen Landguts von Harting. Der Befund ergibt, dass beide, wahrscheinlich im Zusammenhang mit einem germanischen Überfall, erschlagen (deshalb die zertrümmerten Schädeldecken) und skalpiert wurden. – Regensburg, Historisches Museum und BMW-Werk.

Natürlich verlief der Niedergang nicht geradlinig; das sieht nur bei der rückblickenden Betrachtung so aus, die Jahrzehnte und Jahrhunderte in einem Satz zusammenfasst. Nach tiefgreifenden Umstrukturierungen in Verwaltung und Militärwesen konsolidierten sich die Verhältnisse im Reich und an seinen Grenzen zu Beginn des 4. Jahrhunderts sogar wieder; im Regensburger Raum herrschte noch einmal für einige Zeit Ruhe. Auf lange Sicht war das aber doch nur eine Atempause: In der zweiten Hälfte des 4. Jahrhunderts erneuerten die Germanen ihre Angriffe. Wieder wurde die Region – so wie viele andere auch – verheert; zum dritten Mal, im Jahr 358, wurde das Lager von Regensburg zerstört. Noch einmal gelang der Wiederaufbau; aber das Ende der römischen Herrschaft war dennoch nur mehr eine Frage der Zeit.

Wann genau schließlich das Ende kam, ist schwer zu sagen. Schriftliche und archäologische Materialien aus diesen dunklen

Zeiten sind nur spärlich vorhanden; die Befunde ergeben kein eindeutiges Bild. Wahrscheinlich muss man sich überhaupt von der Vorstellung eines klar definierbaren Endpunkts in Gestalt einer bestimmten Jahreszahl trennen; der Übergang in die nachrömische Zeit dürfte fließend gewesen sein. Die wenigen verbliebenen Soldaten waren längst keine Römer mehr, sondern – wie überall im römischen Heer – germanische Söldner. Von den Zivilisten war die Oberschicht verschwunden und mit ihr ein Großteil dessen, was die römische Zivilisation ausgemacht hatte; zurückgeblieben waren einfache Leute, ohnehin mehr oder weniger Einheimische. Woran also soll man das „Römische" eigentlich noch dingfest machen? Und so bleibt die Feststellung, dass das Ende wohl irgendwann im Lauf des 5. Jahrhunderts gekommen sein wird, nicht als Zäsur, nicht in Gestalt einer germanischen Eroberung oder eines planmäßigen römischen Rückzugs, sondern als ein allmählicher Prozess. Irgendwann werden die letzten Truppen das Lager verlassen haben; vielleicht wurden sie in einer Gefahrensituation – wie in der Vergangenheit schon öfter geschehen – anderswo dringend gebraucht und dann nicht wieder in ihren alten Standort zurückverlegt. Oder es kam schlicht und einfach aus dem Inneren des Römischen Reichs kein Nachschub mehr durch – kein Sold mehr vor allem, um den die Soldaten dienten. Für die Zivilisten wird sich dabei gar nicht so viel verändert haben: Statt germanischen Söldnern bekamen germanische Zuwanderer das Sagen. Ein unspektakulärer Übergang; gerade er aber sollte für das weitere Schicksal Regensburgs bestimmend werden: Er sicherte die Kontinuität von der zu Ende gegangenen Antike zum beginnenden Mittelalter.

Herzöge und Bischöfe, Könige und Kaiser: Regensburg im frühen Mittelalter

Als im Verlauf des 5. Jahrhunderts die Römer aus Regensburg verschwanden, verschwand mit ihnen auch ein großer Teil ihrer Errungenschaften, ihrer Zivilisation. Die Menschen, die am Ort ansässig blieben, bekamen die Folgen hautnah zu spüren: Das Leben wurde deutlich einfacher, bescheidener, primitiver. Zu spüren bekommt den Wandel von damals aber auch noch der Historiker von heute: Die Quellen, aus denen er sein Wissen um diese Zeiten schöpft, fließen nur sehr spärlich. Kaum jemand, zum Beispiel, hielt mehr etwas schriftlich fest; so ist nichts vorhanden, was zum Sprechen gebracht werden könnte. Konkret: Zu römischer Zeit wird Regensburg letztmals um 430 erwähnt, in einem Verzeichnis der Truppenstützpunkte im Reich, und danach erst wieder um 770; das ergibt eine Lücke von mehr als 300 Jahren. Eine Lücke, in der Entscheidendes passiert sein muss: Es war die Zeit der sogenannten Völkerwanderung, als ganz Europa sich von Grund auf verwandelte. Was damals in Regensburg geschah, kann angesichts des fehlenden oder doch sehr spärlichen Materials oft nur indirekt ermittelt werden; beinahe ist es wieder wie zu Zeiten der Vor- und Frühgeschichte, als auch vieles nur durch Vermutungen zu erschließen war.

Von den Römern zu den Bayern

Es ist schon die Rede davon gewesen: Wahrscheinlich muss man sich das Ende des römischen Regensburg als fließenden Übergang, als Prozess vorstellen. Die Zeitläufte waren unruhig; der Lebensstandard sank; die Zivilisation verfiel. Die römische Garnison wurde immer kleiner, der Anteil germanischer Söldner in ihr immer größer. Vermutlich in der zweiten Hälfte des 5. Jahrhunderts, im Zusammenhang mit neuerlichen Angriffen

ENDE DER RÖMERZEIT
Wann genau der letzte Akt römischer Geschichte in Regensburg sich abspielte, bleibt im Dunklen; Zeugnisse, die exakte Angaben zulassen würden, fehlen. Es gibt nur eine einzige Quelle, die zumindest die Hintergründe ein bisschen aufhellt: die „Vita Severini", die Lebensgeschichte des Bischofs Severin, verfasst zu Beginn des 6. Jahrhunderts. Sie spielt in Passau, lässt aber auch Rückschlüsse auf Regensburg zu. In den letzten Zeiten des Römischen Reichs (im lateinischen Original: „per id tempus quo Romanum constabat Imperium") – so heißt es dort – sei der Militärstützpunkt in Passau von dauernden Angriffen der Alemannen bedroht gewesen; den Verteidigern sei schließlich klar geworden, dass sie über kurz oder lang würden aufgeben müssen, so wie die Garnisonen aus den Stützpunkten weiter oben am Lauf der Donau bereits aufgegeben hätten. Es ist offensichtlich, dass damit unter anderem auch Regensburg gemeint ist; so kommt etwas Licht ins Dunkel. Der Bericht spricht nämlich indirekt einen ganz konkreten Zeitpunkt an, das Jahr 476, als der letzte römische Kaiser abgesetzt wurde und das Römische Reich sozusagen sein offizielles Ende fand. Passau leistete damals noch Widerstand; Regensburg war bereits verloren gegangen – allerdings sicher nicht wesentlich früher. Man kann also festhalten: Das römische Regensburg hörte wahrscheinlich einige Jahre vor 476 auf zu existieren.

der Alemannen, verschwanden die letzten verbliebenen Soldaten; die römische Herrschaft war Geschichte.

Ganz wichtig dabei: Das römische Regensburg wurde aufgegeben, und nicht etwa erobert. Diesen Befund liefert die Archäologie. Nirgendwo in der Stadt ist man bisher bei Grabungen auf Spuren großflächiger und weiträumiger Zerstörungen gestoßen; das spricht dafür, dass der Stützpunkt nicht gewaltsam eingenommen, sondern mehr oder weniger planvoll geräumt wurde. Allerdings mit Sicherheit nicht vollständig: Wer abzog, waren die verbliebenen Soldaten und die letzten Reste von Verwaltungspersonal; wer blieb, waren die einfachen Leute. Dass dem so war, auch dafür gibt es Hinweise: Keramische Erzeugnisse, die aus der Zeit nach 500 stammen, zeigen in

Regensburger Keramik aus der Zeit der Völkerwanderung: Links ein Krug in rein germanischer Technik und Ornamentik, rechts ein Krug in römischer Technik und germanischer Ornamentik; er belegt sehr anschaulich die Mischung römischer und germanischer Elemente im Regensburg dieser Zeit. – Regensburg, Historisches Museum.

ihrer Gestaltung immer noch römisches Gepräge; nur langsam taucht typisch germanische Formensprache auf; es kommt zu Mischungen. Das dürfte ziemlich genau widerspiegeln, was in Regensburg geschah: Teile der römischen Bevölkerung blieben, wo sie waren; unter sie mischten sich allmählich immer mehr Germanen. Die Archäologen und Historiker sprechen von der so genannten „Siedlungskontinuität"; sie lieferte die entscheidende Voraussetzung dafür, dass die Stadt sich überhaupt weiterentwickeln konnte.

Die jetzt ankommenden Germanen waren allerdings nicht identisch mit den einst so furchterregenden Alemannen; sie hatten sich inzwischen umorientiert und weiter westlich gelegenen Gebieten zugewandt. Der Regensburger Raum und seine Umgebung wurde, was die Ausübung von Herrschaft anging, vorübergehend zu einem Vakuum; im Lauf der Zeit füllte es sich mit Neueinwanderern. Wer diese waren und woher sie kamen, das ist bis heute noch nicht unstrittig bewiesen. Fest steht nur, dass es um die Mitte des 6. Jahrhunderts in den Quellen plötzlich und unvermittelt heißt, in dem Gebiet östlich der Alemannen lebe der Volksstamm der Bayern. Die Historiker neigen im Allgemeinen zu der Auffassung, dass sich in den „Bayern" oder besser: „Bajuwaren", wie sie genannt wurden, „viri" aus „Baia", also „Männer aus Böhmen" identifizieren lassen. Wobei gleichzeitig betont wird, dass diese vermutlich nicht – wie in anderen Fällen der Völkerwanderung – in großen Mengen eingewandert seien und planvoll das Land erobert hätten; eher dürften sie eine relativ kleine Gruppe gewesen sein, die zu den aus römischer Zeit Übriggebliebenen hinzukam. Wahrscheinlich nutzten sie dann aber die unklaren Machtverhältnisse dazu, sich selbst zu Herren aufzuschwingen, Land und Leute zu organisieren und dem Ganzen ihren Namen zu geben. Als sie erstmals erwähnt wurden, waren sie jedenfalls schon fest dort etabliert, wo sie bis heute geblieben sind.

Regensburg muss an den Ereignissen, die sich damals abspielten, einen bedeutenden Anteil gehabt haben. Auch dazu gibt es mangels konkreter Nachrichten nur Hypothesen; sie klingen jedoch sehr plausibel. Die Bajuwaren kamen aus Böhmen; das heißt: Bei ihrer Einwanderung werden sie dem traditionellen Weg längs des Regentals gefolgt sein. In diesem Fall erreichten sie zwangsläufig als Erstes Regensburg. Was fanden sie vor? Etwas, was sie sicher noch nie zuvor gesehen hatten: einen Ort mit den intakt gebliebenen steinernen Befestigungsanlagen aus römischer Zeit. So etwas aus eigenen Kräften zu bauen, dazu wären die Bajuwaren niemals in der Lage gewesen; nicht einmal ansatzweise verfügten sie über die nötigen bautechnischen Fähigkeiten. So lag es nahe, dass sie den Ort einfach übernehmen und für ihre eigenen Zwecke nutzten. Sie ließen sich nieder – und hatten von nun an eine nahezu unangreifbare Position inne. Möglicherweise war es genau das, was ihnen im Vergleich mit den anderen Bevölkerungsgruppen, die in der Region lebten, einen entscheidenden strategischen Vorsprung verschaffte –

einen Vorsprung, der es ihnen überhaupt erst ermöglichte, Herrschaft zu beanspruchen und durchzusetzen. So gesehen, wäre Regensburg geradezu die Keimzelle der bayerischen Stammesbildung; von hier aus – könnte man sagen – wurde das Land Bayern geschaffen.

Das alles sind zwar Vermutungen, aber sie haben doch einiges für sich. Ein bezeichnender Hinweis findet sich nämlich in der Quelle, die Regensburg nach jahrhundertelanger Pause erstmals wieder schriftlich nennt, der „Vita Emmerami", der Lebensgeschichte des Wander- und Missionsbischofs Emmeram, verfasst um 770. In ihr wird mehrfach die Stadt beschrieben, wie sie sich zu seiner Zeit, gegen Ende des 7. Jahrhunderts, präsentierte; und dabei tauchen interessanterweise als besondere Kennzeichen auf, dass sie – erstens – mit einer unbezwingbaren Mauer aus Quadersteinen umgeben und – zweitens – die Haupt-

HAUPTSTADT VON BAYERN

„Er zog weiter in das südliche Deutschland zu den Fluten der Donau im bayerischen Lande. Und indem er ihrem Lauf folgte, gelangte er nach der Stadt Regensburg, die, aus behauenen Steinen erbaut, die feste Hauptstadt dieses Volkes geworden war. Hier regierte damals als Herzog des Bayernstammes der wackere Theodo. (…) Die Stadt (…) war uneinnehmbar, aus Quadern erbaut, mit hochragenden Türmen, und mit Brunnen reichlich versehen; im Norden bespült sie die Donau, die in geradem Lauf gen Osten strömt." Mit diesen Worten schildert der Autor der „Vita Emmerami", Arbeo von Freising, dessen Ankunft in Regensburg. Zum ersten Mal überhaupt wird hier die mittelalterliche Stadt erwähnt und auch gleich in ihren charakteristischen Grundzügen beschrieben. Und an einer anderen Stelle, als ein Pilger sich Regensburg nähert, heißt es: „Er stand (…) mit müden Gliedern auf dem Berge oberhalb der Weinpflanzungen, zwischen Donau und Regen, wo sie zusammenfließen. Von diesem Gipfel erblickte er (…) die weit ausgedehnte, mit Mauern und Turmbauten bewehrte Stadt." Diese Detailkenntnis auch über die geografische Einbettung des Orts belegt: Arbeo muss Regensburg aus eigener Anschauung gekannt haben. Seine Beschreibung ist die eines Augenzeugen. (Übersetzung: Bernhard Bischoff)

Pfalz am Alten Kornmarkt, westlicher Teil; Federzeichnung, Regensburg 1572. Zu sehen sind die heute noch – wenn auch in abgewandelter Form – vorhandenen Gebäude der Alten Kapelle, des Herzogshofs und des „Römerturms" (eines Turms, der im Mittelalter in Nachahmung römischer Bautechnik errichtet wurde; deshalb der Name). Die Zeichnung gibt allerdings den hoch- und spätmittelalterlichen Bauzustand wieder; der der frühmittelalterlichen Pfalz der agilolfingischen Herzöge ist nirgends dokumentiert. – München, Bayerisches Hauptstaatsarchiv.

stadt der Bayern sei, mit dem Sitz ihres Anführers, des Herzogs. Zusammengenommen fügen sich beide Elemente perfekt in die skizzierte Theorie ein. Regensburg hatte seine römischen Befestigungen behalten; das machte den Ort für die ins Land kommenden Bajuwaren zu etwas Besonderem. Er war für sie nicht einfach eine Siedlung unter vielen anderen; sie nutzten ihn als Zentrale, von der aus sie ihre Herrschaft begründeten. Hier war die Spitze des Volksstammes ansässig, der Herzog mit seinen Leuten. Als erster wird um 555 ein gewisser Garibald genannt, aus dem Geschlecht der Agilolfinger. Regensburg wurde zur Hauptstadt Bayerns.

Freilich: Unter einer Hauptstadt darf man sich im 7. Jahrhundert nicht einmal ansatzweise vorstellen, was man heute mit dem Begriff verbindet. Jeder, der damals regierte, tat dies nicht von einem festen Punkt aus, sondern war ständig unterwegs; nur so konnte er in Zeiten fast vollständig fehlender Kommunikationsstrukturen einigermaßen den Überblick über das behalten, was in seinem Land vorging. Und so waren die Herzöge von Bayern keineswegs immer in Regensburg präsent, sondern nur von Fall zu Fall. Zum Beispiel wenn sie Hof- oder Gerichtstage abhielten; dann wurden die Mächtigen des Landes zu gemeinsamer Beratung geladen oder auch Straftäter zitiert und abgeurteilt. Eine andere Möglichkeit: Im Winter kamen die politischen Geschäfte – so wie alle anderen – mehr oder weniger zum Erliegen; dann zog man sich an einen festen Ort zurück und wartete auf bessere Zeiten. Für solche und ähnliche Gelegenheiten gab es in Regensburg eine eigene Residenz der Herzöge, eine „Pfalz". Erhalten geblieben ist nichts von ihr; deshalb fällt es schwer, sich ein konkretes Bild zu machen. Mit ziemlicher Sicherheit kann man jedoch immerhin den Ort identifizieren, an dem sie sich befand. Aller Wahrscheinlichkeit nach ist er dort anzunehmen, wo auch in späteren Zeiten die Stadtherren von Regensburg residierten, nämlich am heutigen Alten Kornmarkt. Hier war schon in spätrömischer Zeit ein besonders vornehmer Platz, wo wichtige Personen, möglicherweise der Kommandant der Garnison, wohnten; diese Tradition wird sich in veränderter Form gehalten haben. Auch sie ist übrigens wieder ein kleines Mosaiksteinchen, das gut zum Bild der Siedlungskontinuität in der Stadt passt.

Frühes Christentum

Es gibt einen weiteren Strang, der in Regensburg von der Antike zum Mittelalter führt und die bereits mehrfach angesprochene These von der Kontinuität in der Stadt stützt: das Phänomen des Christentums. Von der Obrigkeit zunächst bekämpft, dann geduldet, schließlich gefördert, breitete sich der christliche Glaube im 4. Jahrhundert im ganzen Römischen Reich aus; er erreichte auch dessen abgelegenste Grenzposten. Was die Verhältnisse in Regensburg angeht, spricht ein Grabstein aus dieser Zeit eine deutliche Sprache: Seine Inschrift gedenkt des Todes einer gewissen Sarmannina oder Sarmannana; dabei tauchen eindeutig christliche Formulierungen auf wie

Grabstein der Sarmannina/Sarmannana aus spätrömischer Zeit. Das Christogramm in der ersten Zeile und die deutlich lesbaren Formulierungen *quiescenti in pace* (= in Frieden ruhend) und *martiribus sociatae* (= den Märtyrern beigestellt) weisen eindeutig auf christliches Gedankengut hin. – Regensburg, Historisches Museum.

„in Frieden ruhend" oder „den Märtyrern beigesellt". Ein anderes Beispiel ist die bereits erwähnte „Vita Severini", die Lebensgeschichte des Bischofs Severin. Aus ihr geht hervor, dass zum Zeitpunkt, als die letzen römischen Truppen sich zurückzogen, in den Grenzorten an der Donau das Christentum bereits ziemlich weit ausgeformt war, mit einer festen kirchlichen Organisation, mit bestimmten Riten und so weiter. Es ist dabei zwar nicht ausdrücklich von Regensburg die Rede; aber es spricht alles dafür, dass die Dinge dort sich nicht wesentlich von denen anderswo unterschieden.

Diese schon relativ stabilen Verhältnisse wurden durch die Wirren der Völkerwanderung empfindlich gestört. Die staatlichen Verwaltungsstrukturen zerbrachen und mit ihnen auch die der Kirche. Die beiden Bereiche waren im Römischen Reich zuletzt unlösbar miteinander verbunden gewesen; jetzt – eine logische Konsequenz – nahmen sie gemeinsam Schaden. Der christliche Glauben wird in Regensburg allerdings nicht völlig verschwunden sein; die zurückbleibenden römischen Bevölkerungsreste hielten weiterhin an ihm fest. Doch die germanischen Zuwanderer brachten ihre eigenen religiösen Kulte mit; und so wie sich die beiden Gruppen allmählich vermischten, vermischten sich auch ihre Glaubensformen. Von einer „reinen Lehre" jedenfalls darf man in den unruhigen Zeiten der Völkerwanderung keinesfalls ausgehen.

Genau dies, die Existenz eines nur noch rudimentären Christentums, durchsetzt mit heidnischen Gebräuchen aller Art, führte dazu – als die Verhältnisse sich wieder beruhigt und gefestigt hatten –, dass das Land Bayern und seine Hauptstadt Regensburg noch einmal von Grund auf missioniert und christianisiert wurden: eine „Reinigungsmaßnahme" sozusagen. Anders als in der Spätantike trägt diese zweite Christianisierung deutlich die Züge eines planvollen Vorgehens. In Regensburg ist sie verbunden mit den Namen von drei Wander- und Missionsbischöfen, die gegen Ende des 7. Jahrhunderts die Stadt aufsuchten und jeweils für eine gewisse Zeit in ihr wirkten: Rupert, Emmeram und Erhard. Sie alle wurden nach ihrem Tod in den Rang von Heiligen erhoben – woraus sich der glückliche Umstand ergibt, dass über sie jeweils erstaunlich viel bekannt ist. Denn im Zusammenhang mit einer Heiligsprechung war es im Mittelalter üblich, eine sogenannte „Vita", eine Lebensgeschichte des Betreffenden zu verfassen; so auch bei den drei Bischöfen. (Die des Emmeram ist bereits erwähnt worden.) Diese Viten sind zwar allesamt mit einer Fülle von Legenden und Wundergeschichten ausgeschmückt; sie haben jedoch immer auch einen historischen Kern und sind deshalb als Informationsquellen der Zeit, die sie beschreiben, von beträchtlichem Wert.

Vergleicht man die Lebensgeschichten der drei Bischöfe, stößt man auf interessante Gemeinsamkeiten. So wird beispielsweise von allen dreien berichtet, sie seien aus dem Gebiet des fränkischen Reichs, des heutigen Frankreich, nach Bayern und Regensburg gekommen. Hier zeigt sich im Kleinen ein allgemeiner Zug der Zeit: Vielfältige kulturelle Impul-

DIE REGENSBURGER MISSIONSBISCHÖFE

Rupert war wahrscheinlich der erste der drei Missionsbischöfe, der, aus dem Gebiet des fränkischen Reichs kommend, in Regensburg wirkte. Er blieb allerdings nicht lange in der Stadt; seine Tätigkeit ist bekanntlich vor allem mit Salzburg verbunden, wo er bis heute besonders verehrt wird. In Regensburg taufte er der Legende nach den bayerischen Herzog Theodo und legte damit das Fundament für die Entfaltung des Christentums. (Aus einer für den Taufakt eigens errichteten Kapelle übrigens – so die Überlieferung – sei in der Folge die herzogliche Pfalzkapelle geworden, die heutige Alten Kapelle am Alten Kornmarkt – weswegen diese sich rühmt, „der Anfang aller Gotteshäuser in Bayern" zu sein.)

Wenige Zeit später gelangte, ebenfalls aus dem fränkischen Reich, Emmeram in die Stadt. Seine „Vita" steigert sich zu einem höchst dramatischen Finale: Nach einigen Jahren des Wirkens am Hof Herzog Theodos sei eines Tages dessen Tochter Ota zu ihm gekommen und habe ihm anvertraut, sie sei schwanger vom Sohn eines einfachen Bediensteten. Um sie vor dem Zorn ihrer Familie zu schützen, habe Emmeram ihr geraten, sie solle ihn selbst als Vater angeben. Er habe daraufhin die Stadt verlassen; doch Lantpert, des Herzogs Sohn, habe ihm mit ein paar seiner Leute nachgestellt, ihn eingeholt und auf offenem Feld umgebracht, indem er ihn bei lebendigem Leib in Stücke hauen ließ. In Gestalt eines vierzigtägigen Unwetters, das über seiner Hauptstadt niederging, habe jetzt jedoch Herzog Theodo den Zorn Gottes zu spüren bekommen und zur Buße schließlich veranlasst, dass der Leichnam Emmerams nach Regensburg zurückgebracht und dort feierlich beigesetzt werde… Fakt ist: Am Bestattungsort, einer alten St.-Georgs-Kirche, entwickelte sich in der Folge das Kloster St. Emmeram.

Erhard, wiederum aus dem fränkischen Reich stammend, dürfte der letzte der drei Bischöfe gewesen sein. Er war der einzige, der dauerhaft in Regensburg blieb und dort auch starb. Sein Grab in der Niedermünsterkirche ist in den 1960er-Jahren gefunden und identifiziert worden.

se kamen damals von den Franken und wirkten von Westen nach Osten. Nun sind aber kulturelle Einflüsse immer, jedenfalls ein Stück weit, auch politische Einflüsse; und so spiegeln die Geschichten der drei Bischöfe exakt die herrschenden Verhältnisse, die geprägt waren von einer kontinuierlichen Expansion des fränkischen Reichs in östlicher Richtung. Die Auswirkungen waren bis nach Regensburg zu spüren.

Eine weitere Gemeinsamkeit: Alle drei Bischöfe wandten sich zu Beginn ihrer Missionstätigkeit als erstes nach Regensburg, dorthin, wo der Herzog sich aufhielt. Dies unterstreicht eindrucksvoll die Bedeutung der Stadt als zentralen Ort des Landes; es macht aber auch deutlich, wie der Mechanismus der Christianisierung damals funktionierte. Offensichtlich gingen die Missionare als erstes nicht etwa zu den einfachen Menschen, sondern zu deren Herren. Waren sie gewonnen, konnte man ihre Autorität dazu nutzen, auf das ganze jeweilige Land und seine Leute zu wirken. Eine Strategie, von der beide Seiten profitierten: Die Kirche stützte sich auf die Herrscher, um sich zu etablieren; die Herrscher nutzten die Kirche, um ihre Untertanen nicht nur äußerlich, sondern auch innerlich und damit umso enger an sich zu binden. Von den ersten Anfängen an waren somit kirchliche und weltliche Macht aufs Innigste miteinander verflochten; dies sollte – in Regensburg und anderswo – für das ganze Mittelalter und weit darüber hinaus charakteristisch bleiben.

Das Ergebnis der dreifachen Missionstätigkeit: Etwa ab dem Jahr 700, unter der Regentschaft des Herzogs Theodo, darf das Land Bayern im Wesentlichen als christianisiert gelten. Die Hauptstadt Regensburg war Bischofssitz. Erste Kirchen wurden errichtet: die Alte Kapelle bei der Pfalz am Alten Kornmarkt für den Herzog; das Niedermünster, gleich daneben, für den Bischof; dazu kam am Stadtrand, an der Grablege des einen der drei Bischöfe, das Kloster St. Emmeram. Besonders aussagekräftig: die unmittelbare Nachbarschaft von Bischofskirche und Herzogspfalz. Auch räumlich, für jedermann sichtbar, manifestierte sich hier das enge Vertrauensverhältnis, in dem kirchliche und weltliche Macht zueinander standen.

Einige Jahrzehnte später jedoch wurde der bischöfliche Sitz in Regensburg plötzlich verlegt, weg von der Pfalz, westwärts, dorthin, wo er seither geblieben ist. Eine Domkirche St. Peter samt Bischofshof entstand; 778 wird sie erstmals erwähnt. (Am bisherigen Ort, dem Niedermünster, machte sich später ein adeliges Damenstift ansässig.) In dieser Verlegung scheint sich – im wahrsten Sinn des Worts – eine gewisse Distanzierung des Bischofs vom Herzog auszudrücken und damit ein Wandel im Verhältnis der beiden zueinander – ein Vorgang, der sich erklärt, wenn man einen Blick darauf wirft, wie sich die kirchlichen Verhältnisse in der Zeit nach 700 weiterentwickelten.

Die drei Bischöfe hatten die Fundamente der Kirche in Bayern gelegt; Herzog Theodo hatte sie unterstützt, weil – wie schon erwähnt – ihr Tun auch in seinem Interesse lag. Was ihn allerdings störte, war der starke fränkische Einfluss, der dadurch in sein Land kam, insbesondere dessen politische Dimensionen. Um ihn zurückzudrängen und eine eigenständige Landeskirche aufzubauen, wandte er sich an den Papst in Rom; auf ihn sollte die bayerische Kirche in Zukunft ausgerichtet werden. Einer seiner Nachfolger, Herzog Odilo, vollendete diese Politik. Im Jahr 739 kam als päpstlicher Gesandter Bonifatius, der berühmteste Missionar seiner Zeit, nach Bayern und organisierte, oder besser: reorganisierte das Kirchenwesen. Er bestimmte, dass es künftig vier Bistümer im Land geben sollte, mit klar definierten Grenzen, nämlich Regensburg, Salzburg, Passau und Freising; in dreien davon – auch in Regensburg – setzte er neue Bischöfe ein. Mit dieser so genannten „kanonischen Gründung" der bayerischen Bistümer war zweierlei erreicht. Zum einen: Die Kirche hatte eine feste Organisationsstruktur erhalten; sie sollte bis in die Gegenwart bestehen bleiben. Zum anderen: Der fränkische Einfluss schwand tatsächlich; die Kirche in Bayern blickte jetzt nicht mehr nach Westen, sondern nach Süden, nach Rom.

Was allerdings weder Herzog Theodo noch Herzog Odilo ahnten: Indem sie die Kirche an den Papst banden, banden sie sie auch an dessen Autorität. Das Selbstbewusstsein der kirchlichen Amtsträger wuchs dadurch beträchtlich; das bekamen binnen Kurzem auch und gerade die Herzöge zu spüren. Die kirchliche Macht fing an, sich von der weltlichen zu emanzipieren, Einflussnahmen zurückzuweisen, ihre Eigenständigkeit zu betonen – alles Dinge, die es vorher nicht gegeben hatte. In Regensburg kam ein Weiteres hinzu: Der Bischof war zu einem mächtigen Mann geworden; Bonifatius hatte verfügt, dass sein Amt mit dem des Abts des neuen, aufstrebenden Klosters St. Emmeram in Personalunion verbunden sein sollte. Kein Wunder, dass der Bischof die Nachbarschaft zum Herzog zunehmend als einengend und lästig empfand. Das Resultat: Er zog um, weg vom Herzog und seiner Pfalz; er distanzierte sich. Ein eigener Dombezirk entstand, und dass dessen Kirche dem Petrus geweiht wurde, war mit Sicherheit kein Zufall: Schließlich war Petrus der Schutzheilige des Papstes! Von nun an gab es nicht mehr eine, sondern zwei Mächte, die in Regensburg ihre Ansprüche geltend machten.

„Urbs regia" – „königliche Stadt"

Eine weitere Macht kam wenig später hinzu; ihr Auftauchen in Regensburg ist mit einem der „Schicksalsjahre" der bayerischen Geschichte verbunden. Das Ereignis als solches ist allgemein bekannt: Im Jahr 788 wurde der bayerische Herzog Tassilo III. vom fränkischen König (und bald auch Kaiser) Karl dem Großen aus dem Geschlecht der Karolinger abgesetzt und sein Land dessen Reich eingegliedert. Die seit Längerem anhaltende Expansion der Franken erreichte gewissermaßen ihren logischen Schlusspunkt: Bayern verlor seine Selbstständigkeit und wurde Teil eines größeren Ganzen – was es seither geblieben ist.

Für Regensburg ergaben sich daraus höchst wichtige Konsequenzen. Der König und Kaiser Karl der Große war Rechtsnachfolger des Herzogs Tassilo III.; das bedeutete: Aus der Herzogsstadt wurde eine Königs- und Kaiserstadt – und aus der Herzogspfalz eine Königs- und Kaiserpfalz. Das war der springende Punkt, der Regensburg davor bewahrte, zu einer beliebigen Provinzstadt abzusinken: Karl dem Großen fiel eine voll funktionsfähige Residenz zu; es lag nahe, sie bei Bedarf auch zu nutzen. Und sein Bedarf war beträchtlich: Sofort nach der Inbesitznahme Bayerns streckte er seine Fühler noch weiter ostwärts aus, in Richtung Böhmen und Balkan; dabei diente ihm Regensburg als ein idealer Stütz- und Ausgangspunkt, für Kriegszüge ebenso wie für diplomatische Aktionen. Insgesamt dreimal weilte Karl der Große hier – der Herrscher eines Reichs, das weite Teile West- und Mitteleuropas umfasste. Was das für die Stadt bedeutete, liegt auf der Hand: Der Rahmen ihrer Existenz, die Perspektiven ihrer Entwicklung weiteten sich gewaltig. Regensburgs große Zeit begann.

Freilich: Für Karl den Großen war Regensburg nur eine Stadt unter vielen anderen. Auch ein Herrscher wie er, gerade einer wie er, der über ein so riesiges Reich gebot, musste immer wieder reisen, wenn er den Überblick und die Kontrolle behalten wollte – ganz so, wie auch, in kleinerem Maßstab, die bayerischen Herzöge hatten reisen müssen. Karl der Große besuchte viele Städte; und wenn es unter ihnen eine gab, die er bevorzugte, dann war dies bekanntermaßen Aachen, das ideelle Zentrum des Reichs. Nach seinem Tod jedoch änderte sich das, sehr zum Vorteil von Regensburg. Seine Nachfolger und Erben zerstritten sich bald; sein Reich zerfiel, im Wesentlichen in ein westfränkisches und ein ostfränkisches Reich, die Vorläufer der Länder Frankreich und Deutschland. Für keines der beiden Teilreiche war Aachen als Zentralort geeignet. Im Osten, wo Städte damals noch überaus rar waren, liefen die Dinge fast von allein auf Regensburg zu. Hier bestand eine Pfalz; hier hatten die Herrscher – ebenfalls aus dem Erbe der Herzöge – ausgedehnte Besitzungen, und zwar nicht nur innerhalb der Stadt, sondern auch in ihrem Umland, in Gestalt von Gutshöfen, Feldern und Forsten, Wiesen und Weinbergen. Ein wichtiger Aspekt, vor allem für die Versorgung des Herrschers und seines Gefolges; von irgendwelchen Erträgen musste man sich schließlich ernähren! Die nötige Infrastruktur war also vorhanden; hinzu kam die günstige geografische Lage, immer mit dem Blick nach Osten. Kurzum: Regensburg wurde wieder, wie schon zu Zeiten der bayerischen Herzöge, zur Hauptstadt, diesmal zur Hauptstadt des gesamten ostfränkischen Reichs.

Ludwig der Deutsche zum Beispiel (826–876), einer der Enkel Karls des Großen, kam zu insgesamt 33 Besuchen nach Regensburg; viele davon dauerten mehrere Monate. Besonders gern weilte er zu hohen Fest- und Feiertagen – Weihnachten, Ostern, Pfingsten – hier. War er selbst abwesend, ließ er häufig seine Familie da. (Seine Gemahlin Hemma entwickelte enge Bindungen zum neugegründeten Damenstift Obermünster; nach ihrem Tod wurde sie dort auch bestattet.) All das zeigt, dass Ludwig die Stadt nicht nur bei aktuellen Anlässen nutzte; vielmehr scheint er sie als feste Residenz betrachtet zu haben, eben als Hauptstadt. Vor diesem Hintergrund überrascht es nicht zu hören, dass er die alte Pfalz aus den Zeiten der Herzöge komplett durch Neubauten ersetzen ließ. Auch von ihnen ist nichts erhalten; sie dürften aber den Alten Kornmarkt von allen Seiten umgeben haben, mit Repräsentationsgebäuden im Westen, Wirtschaftsgebäuden im Norden und Osten und der Pfalzkapelle, der Alten Kapelle, im Süden.

Etwas später, während der Herrschaft Arnulfs von Kärnten (887–899), bot sich exakt dasselbe Bild: 22 Besuche, darunter viele von langer Dauer, bei Abwesenheit Verbleib der Familie. Mehr noch: Arnulf versuchte, aus Regensburg das zu machen, was Karl der Große aus Aachen gemacht hatte: das offizielle Zentrum seines Reichs. Er nutzte Regensburg nicht nur als Hauptstadt, er bezeichnete es auch so: „Urbs regia", „königliche Stadt" heißt es in seinen Urkunden. Und diese Hauptstadt erhielt sogar eine religiöse Dimension. Arnulf verlegte seine Residenz, mittels eines nochmaligen Pfalzneubaus, in den Bereich des Klosters St. Emmeram; symbolisch stellte er damit sich und sein Reich unter den Schutz des dort bestatteten Heiligen. Der dahinterstehende Gedanke: Emmeram, der Regensburger Heilige, sollte zum Reichsheiligen erhoben, durch seine gemeinsame Verehrung in den Untertanen das Gefühl der Zusammengehörigkeit gefördert werden. Faktisch und ideell: Regensburg war Hauptstadt, eine Hauptstadt mit allem, was damals dazugehörte. Die Perspektiven für die Zukunft hätten nicht günstiger sein können.

Jedoch: Aufs Ganze gesehen, blieben diese Zeiten letztlich nur Episode. Auf Arnulf von Kärnten folgte sein Sohn Ludwig das Kind (899–911); er starb in jungen Jahren, ohne Erben. Die Mächtigen des ostfränkischen Reichs, das man inzwischen zunehmend als das deutsche Reich zu bezeichnen begann, wählten einen neuen König, zunächst den Franken Konrad I. (911–918), dann, nach dessen ebenfalls kinderlosem Tod, den Sachsen Heinrich I. (919–936). Beide herrschten naheliegenderweise von dort aus, wo sich der Schwerpunkt ihrer jeweiligen Besitzungen befand. Bayern und Regensburg rückten vom Zentrum an den Rand des Geschehens. Die Funktion Regensburgs als Hauptstadt des Reichs verflüchtigte sich.

Dass die neuen Könige sich von Regensburg abwandten, dafür gab es allerdings noch einen anderen, mindestens ebenso triftigen Grund: In gewisser Weise wurden sie nämlich geradezu aus der Stadt verdrängt. Während der Herrschaft Ludwigs des Kindes hatte sich in Bayern neben der – aufgrund seiner Jugend geschwächten – Position des Königs wieder die Position eines Herzogs entwickelt. Ein Adeliger namens Luitpold hatte sich hervorgetan und die drängendste Aufgabe der Zeit übernommen, die Verteidigung des Landes gegen einen neuen, gefährlichen Feind aus dem Osten, die Ungarn. Nachdem er gestorben war, war ihm sein Sohn Arnulf in seiner Funktion nachgefolgt; er bezeichnete sich, erstmals seit den Zeiten Tassilos III., wieder als Herzog von Bayern (907–937). Niemand widersprach ihm; das zeigt, dass seine Machtfülle beträchtlich gewesen sein muss. Seit dem Tod Ludwigs des Kindes schließlich beanspruchte er allein die Herrschaft im Land Bayern und in dessen Hauptstadt Regensburg.

Es war fast zwangsläufig, dass es mit den neuen Königen, zuerst mit Konrad I., später mit Heinrich I., zu Spannungen und Streitigkeiten, bald auch zum Krieg kommen musste. Feldzüge und Gegenfeldzüge folgten einander in raschem Wechsel; einmal hatte die eine, einmal die andere Partei den Vorteil auf ihrer Seite. Schlachten wurden geschlagen, Abkommen geschlossen und wieder gebrochen: Es war eine unruhige und im Rückblick ziemlich verwirrende Zeit. Im Brennpunkt der Auseinandersetzungen stand Regensburg, auch militärstrategisch gesehen das Zentrum des Landes. Mehrmals wurde es belagert, häufiger ohne als mit Erfolg: Die Mauern aus römischer Zeit leisteten immer noch gute Dienste. Doch sie waren inzwischen zu eng geworden: Die Stadt war gewachsen; im Westen waren neue Quartiere entstanden. Jetzt, um 920, wurden auch sie von Herzog Arnulf mit Mauern umgeben; das war, seit dem Verschwinden der Römer, die erste derartige Baumaßnahme nördlich der Alpen!

Als Herzog Arnulf im Jahr 937 starb, gingen die Auseinandersetzungen keineswegs zu Ende; es erwies sich, dass der bayerische Partikularismus nicht zwangsläufig an eine bestimmte Person gebunden war. Die Herzogswürde blieb bestehen und mit ihr der Antagonismus zum jeweiligen König. Der Sohn und Nachfolger Heinrichs I., König und Kaiser Otto der Große (936–973), schien sich einen Vorteil zu sichern, als es ihm 942 gelang, seinen eigenen Bruder Heinrich zum Herzog von Bayern zu machen; doch bemerkenswerterweise änderten sich die Dinge damit nicht grundsätzlich: Schon in der nächsten Generation begannen die bayerischen Verwandten der königlichen Familie auch wieder in erster Linie bayerische Interessen zu vertreten; der Konflikt mit dem Reich dauerte an. Immerhin kam man zu einer einvernehmlichen Regelung, was die Besitzungen in Regensburg anging: Sie wurden zwischen König und Herzog geteilt. Bei den beiden Pfalzen war das relativ einfach: Der König erhielt die Anlage beim Kloster St. Emmeram, der Herzog die am Alten Kornmarkt. Beide hatten jetzt ihren festen Stützpunkt, wenn sie Regensburg besuchten.

Die Teilung war eigentlich als dauerhafte Lösung gedacht; wenig später wurde sie jedoch ganz unvermittelt wieder hinfällig. König und Kaiser Otto III. (983–1002), der Enkel Ottos des Großen, starb jung und ohne direkte Erben; damit ging die Nachfolge im Reich auf eine Seitenlinie seines Geschlechts über – und zwar just auf die, die in Bayern herrschte. Aus dem bayerischen Herzog Heinrich IV. wurde der deutsche König und Kaiser Heinrich II. (1002–1024). Die Folge: Die königlichen und die herzoglichen Rechte und Besitzungen in Regensburg waren unversehens wieder in einer Hand vereint; das stärkte die Position des Herrschers ebenso wie es die politische Rolle der Stadt beförderte. Mehr noch: Heinrich II. war in Regensburg aufge-

DAS REGENSBURGER KAISERPAAR

Heinrich II. und seine Gemahlin Kunigunde wurden nach ihrem Tod häufig als das ideale mittelalterliche Herrscherpaar verehrt und schließlich sogar heilig gesprochen. Vieles kam dabei zusammen: ihr Einsatz für die Gründung des Bistums Bamberg, ihre reichen Schenkungen an Kirchen und Klöster, ihr eheliches Leben in vorbildlicher Keuschheit und Enthaltsamkeit. (So jedenfalls interpretierte man die Tatsache, dass die beiden keine Kinder hatten; heute vermutet man dahinter eher eine physische denn eine moralische Indikation.) In Regensburg manifestiert sich die Verehrung von Heinrich und Kunigunde am eindrucksvollsten in der von ihnen besonders geförderten Alten Kapelle. Als sie im 18. Jahrhundert ihre Rokoko-Ausstattung erhielt, gedachte man der beiden ausführlich im prachtvollen Bildprogramm. Mehrere Fresken sind ihnen und Szenen aus ihrem Leben gewidmet. An zentraler Stelle, an der Decke des Langhauses, zum Beispiel: Heinrich II., anlässlich seiner Kaiserkrönung in Rom weilend, erhält vom Papst ein Marienbild geschenkt – ein Bild, das er später der Alten Kapelle stiftete, wo es bis heute in Ehren gehalten wird (auch wenn die Geschichte selbst inzwischen als Legende erwiesen ist). Oder im Querhaus: Heinrich II. fügt durch ein Gebet auf wundersame Weise einen Becher wieder zusammen, den ein Bediensteter zerbrochen hat. Ebenfalls im Querhaus: Kunigunde, des Ehebruchs angeklagt, geht zum Beweis ihrer Unschuld über glühende Pflugscharen. – In gewisser Weise ist die Alte Kapelle damit ein ganz spezieller Ort der Vergegenwärtigung des Herrscherpaars, das Regensburg im Lauf der Geschichte am engsten verbunden war.

wachsen und erzogen worden; entsprechend eng waren seine persönlichen Bindungen. Die Querelen von hundert Jahren waren auf einmal Vergangenheit; schlagartig fiel der Stadt wieder eine zentrale Rolle zu. Vertraute Heinrichs II. aus Regensburg rückten in hohe Positionen der Verwaltung ein. Planmäßig wurden den führenden Vertretern des bayerischen Klerus – Bischöfen, Äbten und so weiter – in Regensburg Unterkünfte und Höfe bereitgestellt, damit sie dem Herrscher möglichst häufig

nahe sein konnten. Und nicht zuletzt, wie immer in Zeiten der Blüte, machte sich eine gesteigerte Bautätigkeit bemerkbar: Noch einmal ließ Heinrich II. die Alte Kapelle, die traditionelle Pfalzkapelle, von Grund auf neu erbauen.

Doch auch diesmal war der Höhenflug nicht von Dauer. Nach wenigen Jahren fing Heinrich II. an, sich umzuorientieren: Eine neue Stadt, Bamberg, mit einem neugegründeten Bistum, rückte in den Mittelpunkt seines Interesses und wurde planmäßig gefördert; Regensburg trat demgegenüber stark in den Hintergrund. Ein symbolischer Akt: Im Jahr 1009 schenkte Heinrich II. die Alte Kapelle, das Herzstück seines Besitzes in Regensburg, dem Bischof von Bamberg; deutlicher hätte er den Wandel seiner Zuneigung nicht zum Ausdruck bringen können. Immerhin: Regensburg blieb Königs- und Herzogsstadt, bis zum Tod Heinrichs II. und auch darüber hinaus. Seine unmittelbaren Nachfolger waren teils – wie er – Könige und Herzöge in Personalunion, teils vergaben sie die Herzogswürde an enge Familienangehörige. Erst gegen Ende des 11. Jahrhunderts wurde sie wieder auf Dauer einem eigenen Adelsgeschlecht, den Welfen, übertragen. Sowohl die Könige und Kaiser als auch die Herzöge waren während dieser ganzen Zeit regelmäßig in Regensburg, der traditionellen Hauptstadt, anwesend; hier hielten sie Reichsversammlungen und Landtage ab, sprachen Recht, empfingen Gesandte aus dem Ausland und vieles andere mehr. Die Stadt stand zwar nicht mehr direkt im Mittelpunkt allen politischen Geschehens; doch sie erlebte nach wie vor glanzvolle Augenblicke: Zweimal, zum Beispiel, 1147 und 1189, trafen sich hier Ritter und Adelige aus weiten Teilen Europas, um zum Kreuzzug aufzubrechen. Regensburg war und blieb der bedeutendste Ort in Bayern und einer der bedeutendsten in Deutschland.

◂ Schenkung eines Marienbilds durch Papst Benedikt VIII. an Kaiser Heinrich II.; Fresko von Christoph Thomas Scheffler im Deckengewölbe des Langhauses der Alten Kapelle. Das Fresko ist Teil einer grandiosen Rokoko-Ausstattung, die die Alte Kapelle im 18. Jahrhundert erhielt; sie zielt in ihrer Gesamtheit darauf ab, Kaiser Heinrich II. und seine Gemahlin Kunigunde gebührend in Szene zu setzen.

Kulturelle Blüte

Nimmt man all das bisher Gesagte zusammen, so kann man guten Gewissens feststellen: Die Zeiten des frühen Mittelalters waren zweifellos der Höhepunkt der politischen Geschichte Regensburgs. Eine Fülle bedeutender Ereignisse, eine Abfolge berühmter Namen, eine weitreichende Ausstrahlung: Regensburg war eine Stadt von europäischem Rang. Das galt für die Politik; das galt aber in gleicher Weise auch für das kulturelle Leben. Beide Bereiche waren eng und untrennbar miteinander verbunden: Die Herrscher, die über Generationen hinweg in der Stadt lebten, wirkten – wie zu allen Zeiten und an allen Orten – gleichsam als Katalysatoren für die Entwicklung von Kunst und Kultur. Einerseits importierten sie künstlerische Erzeugnisse aus anderen Regionen an ihren Regensburger Hof; andererseits förderten sie Künstler, die am Ort lebten, und regten sie zu Höchstleistungen an. Mitunter gab es auch eine Kombination aus diesen beiden Möglichkeiten: Von den Herrschern importierte Einzelstücke initiierten oder beeinflussten das Schaffen ansässiger Künstler.

Ein typisches Beispiel bietet die Entwicklung der Buchmalerei in Regensburg. Schon zur Zeit Ludwigs des Deutschen existierte am Kloster St. Emmeram eine Schreibschule, die Handschriften und Bücher von hoher Qualität herstellte und ausschmückte. Eine Generation später schenkte Arnulf von Kärnten, dem Kloster eng verbunden, ihm eines der Meisterwerke der damaligen europäischen Buchproduktion, den im westfränkischen Reich hergestellten, prachtvoll ausgestatteten „Codex Aureus". (Der „Codex" zählte über Jahrhunderte hinweg zu den wertvollsten und berühmtesten Kunstgegenständen in ganz Regensburg. Heute ist er – wie so vieles – der Stadt entwendet: Im Zusammenhang mit der Säkularisation zu Beginn des 19. Jahrhunderts wurde er vom neuen Eigentümer, dem bayerischen Staat, nach München verbracht.) Dieses unvergleichliche Stück regte in der Folge Generationen von ansässigen Buchmalern zu eigenen Produktionen an; dabei gelangte man allmählich und mit zunehmender Originalität von der bloßen Nachahmung dahin, einen eigenen, unverwech-

BISCHOF WOLFGANG

Wolfgang wurde im Jahr 924 in Pfullingen in Schwaben geboren. Nach Schulausbildung und Studium übernahm er die Leitung der Domschule in Trier. Dort knüpfte er Kontakte zu einer geistigen Bewegung, die sein ganzes Leben prägen sollte: Er lernte die Ideale der Kirchen- und Klosterreform kennen, wie sie in dem lothringischen Kloster Gorze entwickelt worden waren. Als Vermittler fungierte vor allem der Mönch Ramwold aus dem Reformkloster St. Maximin in Trier; zwischen ihm und Wolfgang entwickelte sich eine tiefe, lebenslange Freundschaft. Im Jahr 972 wurde Wolfgang zum Bischof von Regensburg berufen. Jetzt war es ihm möglich, die Ideale der Gorzer Reform konkret umzusetzen – und er tat dies höchst konsequent, auch in Fällen, in denen er damit seine eigene bischöfliche Macht schmälerte. Zwei berühmte Beispiele: Wolfgang verzichtete auf die Oberhoheit, die der Bischof von Regensburg bisher über die Kirche in Böhmen ausgeübt hatte. Ein eigenes Bistum Prag wurde gegründet – was der Effizienz der Kirchenverwaltung sehr zuträglich war. Und: Wolfgang löste die traditionelle Personalunion, die seit der Zeit des Bonifatius zwischen dem Amt des Bischofs von Regensburg und dem des Abts des Klosters St. Emmeram bestanden hatte. Auch diese Maßnahme verringerte den Einfluss des Bischofs; sie ermöglichte es aber, dass in St. Emmeram ein wahrhaft klösterliches Leben geführt werden konnte, den Idealen der Gorzer Reform entsprechend. Damit dies auch tatsächlich geschah, berief Wolfgang seinen Freund Ramwold zum neuen Abt von St. Emmeram. Des Weiteren reformierte er das Damenstift Niedermünster, indem er dafür sorgte, dass dort eine Vertraute von ihm, Uta, die aus seiner schwäbischen Heimat stammte, als Äbtissin installiert wurde; und als eine Reform des Damenstifts Obermünster scheiterte, glich er den Fehlschlag aus, indem er kurzerhand in unmittelbarer Nachbarschaft ein neues Kloster etablierte, das Mittelmünster. Erwähnenswert auch: die Gründung eines Domchors zur musikalischen Ausschmückung der Gottesdienste – aus ihm sind später die berühmten Domspatzen hervorgegangen. Wolfgang stand in engem Kontakt zum Herzog von Bayern, der in Regensburg residierte; dieser beauftragte ihn, persönlich seine Kinder zu erziehen. Unter ihnen war, übrigens, jener

Heinrich, der später nicht nur Herzog von Bayern, sondern als Heinrich II. auch deutscher König und Kaiser werden sollte: So schloss sich der Kreis. – Wolfgang starb im Jahr 994 und wurde in der Kirche St. Emmeram beigesetzt; seit seiner Heiligsprechung 1052 ist ihm dort eine eigene Krypta gewidmet.

Codex Aureus, Vorderseite des Umschlagdeckels. Das Meisterwerk europäischer Buchproduktion wurde im 9. Jahrhundert im westfränkischen Reich hergestellt und 893 von Arnulf von Kärnten dem Kloster St. Emmeram geschenkt. – München, Bayerische Staatsbibliothek.

selbaren Stil zu entwickeln. Absoluter Höhepunkt: drei Werke des 11. Jahrhunderts, das „Evangelistar Heinrichs II.", das „Uta-Evangelistar" und das „Sakramentar Heinrichs II.", benannt jeweils nach ihren Besitzern, Kaiser Heinrich II. und der Äbtissin Uta des Damenstifts Niedermünster. Filigranste ornamentale Ausschmückung, farbenfrohe Bilder, kostbare Einbände, mit Gold und Elfenbein besetzt, wirken hier in einzigartiger Weise zusammen und erlauben es, die drei Bände zu den bedeutendsten Werken mittelalterlicher Buchmacherkunst überhaupt zu rechnen.

Heute über alle Maßen gerühmt, waren sie in der Zeit, in der sie entstanden, jedoch keineswegs besondere Ausnahmeerscheinungen. Das gesamte kulturelle Leben Regensburgs stand in voller Blüte und brachte Höchstleistungen in einer Vielfalt hervor wie niemals zuvor und wie auch später nie mehr. Die Herrschaft Heinrichs II. ließ die Stadt erglänzen und beflügelte ihre Kreativität. Das war aber nicht der einzige Grund dieser Blüte. Die Stadt lebte damals noch ganz unter dem Eindruck einer überaus bedeutenden geistigen und geistlichen Persönlichkeit, die eine Generation zuvor in ihr gewirkt und sie dauerhaft geprägt hatte: Wolfgang, Bischof von Regensburg in den Jahren 972 bis 994, aufgrund seines außergewöhnlichen Lebenswerks bald nach seinem Tod in den Rang eines Heiligen erhoben. Wolfgang hatte sich zeitlebens darum bemüht, das kirchliche und vor allem das klösterliche Leben zu reformieren; und zu seinen Reformen hatte auch das Prinzip gehört, den Klerus zu besonderer Gelehrsamkeit, zu geistiger und wissenschaftlicher Tätigkeit anzuregen und aufzufordern. Das entsprach dem Geist der Epoche, es entsprach aber auch den Interessen und Neigungen von Wolfgang selbst, der ein hochgelehrter Mann gewesen war. Nach seinem Tod, im 11. Jahrhundert, aufbauend auf den Fundamenten, die er gelegt hatte, erntete Regensburg gewissermaßen die Früchte seines Tuns.

Wolfgang hatte die großen Klöster in Regensburg reformiert; ein neuer Geist der Gelehrsamkeit kehrte in ihnen ein; die Ergebnisse ließen nicht lang auf sich warten. Am eindrucksvollsten waren sie in St. Emmeram. Dort hatte Abt Ramwold solide Grundlagenarbeit geleistet und ganz zielstrebig zunächst einmal dafür gesorgt, dass die bestehende Bibliothek ausgebaut und erweitert wurde; damit war sozusagen eine gut bestückte Werkstätte für die angestrebte geistige Arbeit eingerichtet. Unter den Gelehrten, die sie in der Folge nutzten und sich mit ihrer Hilfe zu intellektuellen Höchstleistungen aufschwangen, sind drei besonders hervorzuheben. Der Mönch Arnold machte

„NICHTS HERRLICHERES HAT DEUTSCHLAND"

Das in St. Emmeram hochgehaltene Ideal der Wissenschaftlichkeit stieß mitunter auch an seine Grenzen, vor allem in Fällen, wo es um das Prestige des Klosters ging. Das staunenswerteste Beispiel lieferte der Mönch Otloh. Mit viel Geschick und noch mehr Phantasie ersann er die Geschichte, in seinem Kloster sei nicht nur Emmeram bestattet, sondern ein noch viel namhafterer Heiliger, nämlich Dionysius. Ein kompletter Bericht über die näheren Umstände, wie die Gebeine des Dionysius nach seinem Tod nach Regensburg gekommen seien – selbstverständlich alles frei erfunden –, wurde verfasst, in zwei Versionen, die entweder von Otloh selbst stammen oder doch von ihm inspiriert sind. Die Dichtung wurde tatsächlich vielfach für Wahrheit genommen; über Jahrhunderte hinweg zählte Dionysius ganz offiziell zu den Schutzheiligen der Regensburger Kirche. – In der zweiten Version des Dionysius-Berichts findet sich übrigens eines der berühmtesten Zitate der gesamten Regensburg-Literatur. Der Autor ist bestrebt, die Stadt als einen Ort zu präsentieren, würdig, die Gebeine des Dionysius zu verwahren; dementsprechend rühmt er sie in höchsten Tönen: „Die Stadt (…) Regensburg ist alt und neu zugleich; als einzige unter den großen Städten ist sie Hauptstadt; (…) nichts Herrlicheres hat Deutschland (im lateinischen Original: „nihil habet Germania clarius"). Nordwärts ist sie von der vorbeifließenden Donau begrenzt; ergiebiger, fruchtbarer Ackerboden und reichhaltig tragende Weinberge umgeben sie. Mehr als in anderen Städten häufen sich in ihr Schätze von Gold, Silber und Edelmetallen, dazu Handelsgüter aller Art, insbesondere feinstes Leinen- und Purpurtuch, und die ganzen Reichtümer, die durch Schiffsimporte und Zölle in Strömen hereinkommen. So hat sie Überfluss an allem."

„Sphaera" des Wilhelm von Hirsau, entstanden kurz vor 1070. Das eigentliche Gerät, eine steinerne Scheibe mit verschiedenen Markierungen, wird gehalten von einer auf einem Pfeiler knienden menschlichen Gestalt, die der Umschrift auf der Scheibe zufolge den griechischen Astronomen Aratos darstellt. – Regensburg, Historisches Museum.

„Schottenportal" an der Nordseite der Kirche St. Jakob, der Klosterkirche der iroschottischen Mönche in Regensburg. Das um 1185 entstandene Portal zählt zu den Meisterwerken romanischer Kunst in Deutschland. Es ist bis heute nicht gelungen, seine geheimnisvolle Bildsymbolik vollständig zu entschlüsseln. Seit 2000 ist das Portal zum Schutz vor weiterer Beeinträchtigung mit einem gläsernen Vorbau versehen.

sich als Historiker einen Namen. Unter anderem beschäftigte er sich erneut mit der Lebensgeschichte Emmerams; dabei bemühte er sich – anders als Arbeo von Freising es einst in seiner „Vita" getan hatte –, nicht nur die von Emmeram gewirkten Wunder zu schildern, sondern sie, wissenschaftlich fundiert, auch in ihr konkretes historisches Umfeld einzubetten. Den gleichen Weg schlug der Mönch Otloh ein. Systematisch bearbeitete er die Lebensgeschichten von Heiligen neu, immer in dem – sehr modern anmutenden – Streben nach Wissenschaftlichkeit: Er sammelte und sichtete vorhandene Quellen, schied Glaubwürdiges von Unglaubwürdigem und so weiter. Otloh wird vielfach als bedeutendster Gelehrter bezeichnet, den das Kloster St. Emmeram im Mittelalter hervorgebracht hat. Schließlich, in einem anderen Zweig, der Mönch Wilhelm, später Abt des Klosters Hirsau im Schwarzwald. Er forschte im Bereich Mathematik und Astronomie; eines seiner Geräte, eine

Steinplatte mit Markierungen, die der Orientierung am nächtlichen Sternenhimmel diente, ist bis heute erhalten geblieben. Die sogenannte „Sphaera" steht in ihrer Zeit völlig einzigartig da; sie belegt das außergewöhnliche Niveau, auf dem im Kloster St. Emmeram damals wissenschaftlich gearbeitet wurde.

Man sieht: Es waren geistige und kulturelle Glanzzeiten, die Regensburg während des 11. Jahrhunderts erlebte. Freilich: Es liegt in der Natur der Dinge, dass solche Glanzzeiten nicht von unbegrenzter Dauer sind. So auch hier: Irgendwann begann der in der Stadt herrschende Elan, der letztlich immer noch auf Wolfgang zurückging, nachzulassen, zu verebben. Glücklicherweise erreichten Regensburg, von außen kommend, immer wieder neue Impulse, die das geistige und geistliche Leben befruchteten. Beispielsweise besuchten am Ende des 11. Jahrhunderts iroschottische Wandermönche die Stadt und ließen sich hier nieder; aus ihren Reihen ging wenig später Honorius Augustodunensis hervor, einer der berühmtesten Schriftsteller seiner Zeit. Oder: Zu Beginn des 12. Jahrhunderts wurde unweit von Regensburg das Kloster Prüfening gegründet; es entwickelte sich rasch zu einem neuen Zentrum der Gelehrsamkeit, das natürlich auch in die Stadt hineinwirkte. So gilt für den Bereich der Kultur das gleiche, was bereits für den der Politik festgestellt worden ist: Regensburg war und blieb ein Ort von überragender Bedeutung.

Freie Reichsstadt: Regensburg im späten Mittelalter

Kein Zweifel: Regensburg stand im 11. und 12. Jahrhundert in höchster Blüte. Die Stadt war der zentrale Ort in Bayern und einer von mehreren Zentralorten im deutschen Reich. Regelmäßig sah sie prominente Gäste in ihren Mauern; wichtigen politischen Ereignissen bot sie Rahmen und Kulisse. Ein reges Schaffen im Bereich von Kunst und Kultur bereicherte ihr Leben, strahlte weit ins Umland aus und mehrte allenthalben ihr Ansehen. Der – bereits erwähnte – Schriftsteller Honorius Augustodunensis hielt Regensburg von sämtlichen Städten in ganz Deutschland als einzige für wert, überhaupt namentlich genannt zu werden, und stellte es in eine Linie mit Athen und mit Rom …

All das darf jedoch über eines nicht hinwegtäuschen: Regensburg leuchtete; aber es war, streng genommen, fremder Glanz, der es zum Leuchten brachte. Die politische und die kulturelle Bedeutung stand und fiel damit, dass die Herrscher in Regensburg weilten: An ihren Höfen fand sich die große Welt ein; ihre Anwesenheit beflügelte die Kreativität von Künstlern und Wissenschaftlern. Die Stadt lebte gewissermaßen von den Herrschern – mit allen Konsequenzen, die sich daraus ergaben: In Zeiten, in denen sie weniger präsent waren, ging die Bedeutung – wie gesehen – rasch zurück. Mit anderen Worten: Die Stadt war Nutznießerin, oder schärfer ausgedrückt: Sie war Objekt.

Dieses Bild wandelte sich nur ganz allmählich, im Lauf von vielen Generationen. Neben den traditionellen Stadtherren – dem Herzog, dem Bischof, dem König und Kaiser – und ihren Leuten traten zunehmend andere ins Rampenlicht: die Menschen, die in Regensburg lebten und arbeiteten, oder jedenfalls deren führende Repräsentanten aus der Oberschicht. Mit wachsendem Selbstbewusstsein begannen sie, auf die Geschicke ihrer Stadt, die bisher von außen – man könnte auch sagen: von oben – bestimmt worden waren, selbst Einfluss zu nehmen. Es war ein langsamer Wandel, den die Zeitgenossen wahrscheinlich gar nicht bewusst erlebten, jedenfalls nicht von Anfang an, aber ein essenzieller: Die Stadt wurde vom Objekt, das von anderen profitierte, zum Subjekt, das eigenständig handelte.

Wirtschaftlicher Aufschwung

Man braucht nicht lange zu suchen, wenn man nach den Gründen forscht, weswegen die Regensburger im Laufe des Mittelalters zunehmend stolz und selbstbewusst wurden. Es war ein einfacher – und zeitloser – Mechanismus: Die Stadt erlebte einen wirtschaftlichen Aufschwung sondergleichen; und mit dem Wohlstand kam das Gefühl der Wichtigkeit ganz von allein. Anders ausgedrückt: Regensburg entwickelte eine neue Identität, die nicht mehr von der Macht der Stadtherren, son-

DIE STADT UND IHRE BEWOHNER
Die fortschreitende Identifizierung der Stadt mit ihrem wirtschaftlichen Erfolg kann in der Tat bereits für die Zeit um 1100 belegt werden. Prominentestes Beweisstück ist der – bereits erwähnte – Dionysius-Bericht des Mönchs Otloh von St. Emmeram („Translatio Sancti Dionysii Areopagitae"), verfasst um 1080. Dort, wo er Regensburg rühmt, kommt der Autor des Berichts – wie gesehen – nicht nur auf die Hauptstadtfunktion zu sprechen, sondern mindestens ebenso ausführlich auf den vorherrschenden Reichtum. An einer anderen Stelle wird er noch deutlicher: Er teilt die Stadt in drei Teile, mit jeweils unterschiedlichen Bewohnern: das Viertel des Herzogs und des Königs und Kaisers und ihrer Leute („pagus regius"); das Viertel des Klerus („pagus cleri"); das Viertel der Kaufleute („pagus mercatorum"). Regensburg – so ist daraus zu entnehmen – war um 1080 in den Augen der Zeitgenossen bereits nicht mehr nur von seinen Stadtherren geprägt, sondern ebenso sehr von einem Teil der Einwohnerschaft selbst, konkret: von denen, die wirtschaftlich besonders erfolgreich waren, den Kaufleuten.

dern vom eigenen Erfolg abgeleitet war; das war das Entscheidende. Natürlich ist für diesen Vorgang kein genauer Zeitpunkt zu fixieren; um die Wende vom 11. zum 12. Jahrhundert muss er jedoch schon deutlich wahrnehmbar gewesen sein.

Der wirtschaftliche Höhenflug, zu dem Regensburg damals ansetzte, hatte im Wesentlichen eine einzige Ursache: Die Stadt wurde zum Handelsplatz und, mit zunehmender Bedeutung, bald geradezu zum Handelszentrum und zur Handelsdrehscheibe. Die Voraussetzungen hätten günstiger nicht sein können. Jede Art von Verkehr, also auch Transport- und Handelsverkehr, war im Mittelalter auf die großen Flüsse angewiesen, die Europa durchzogen. Straßen, die diese Bezeichnung tatsächlich verdienten, gab es kaum; und wo es sie gab, war ihre Benutzung so beschwerlich wie gefährlich. Zu Wasser, mit Schiffen, war man besser unterwegs, schneller, bequemer, sicherer. Städte, die an Flüssen lagen, hatten deshalb im mittelalterlichen Handelswesen und damit im Wirtschaftsleben überhaupt einen beträchtlichen Standortvorteil; und je größer der Fluss, desto größer der Vorteil. Regensburg lag – und liegt – an der Donau, die bekanntlich weite Teile Europas durchquert; sie war – man kann es ohne Übertreibung feststellen – die Lebensader, der die Stadt, ökonomisch gesehen, nahezu alles verdankte.

Es musste allerdings noch eine weitere Voraussetzung hinzukommen, damit aus dieser geografischen Besonderheit ein praktischer Vorteil erwachsen konnte: Die Donau musste für potenziellen Handelsverkehr auch tatsächlich benutzbar sein, mit einigermaßen stabilen politischen Verhältnissen in den Ländern, die rechts und links von ihr lagen. Schließlich brauchte Handel damals wie heute vor allem eines: ein Mindestmaß an Sicherheit. Genau daran aber mangelte es an der Donau über lange Zeit hinweg: Im Römischen Reich war der Fluss eine von vielfältigen Feindseligkeiten geprägte Grenze; während der Völkerwanderung beunruhigten durchziehende Germanen und Slawen die Gegend; im 9. Jahrhundert schließlich setzten sich die Ungarn fest und verbreiteten Angst und Schrecken. Dann aber, im 10. Jahrhundert, kam die Wende. Die Ungarn, nach ihrer vernichtenden Niederlage in der berühmten Schlacht auf dem Lechfeld bei Augsburg 955, wurden sesshaft und friedlich; die Verhältnisse an der Donau beruhigten sich. Jetzt war der Weg frei für Handel und Wandel; wer wollte, konnte reisen, von Regensburg flussabwärts bis zum Schwarzen Meer und darüber hinaus. Der wirtschaftliche Aufschwung begann.

Dass er, einmal begonnen, so rasant verlief, hängt auch damit zusammen, dass Regensburg damals auf weiter Flur konkurrenzlos dastand. Es gab ja, vor allem in der näheren Umgebung, kaum Städte, die der Rede wert gewesen wären; da und dort wurde allmählich erst die eine oder andere gegründet; und es dauerte jeweils Generationen, bis sie es mit Regensburg aufnehmen konnten. Hier dagegen war die ganze typisch städtische Infrastruktur längst voll ausgebildet, mit großen Märkten, mit zahlreichen Konsumenten, mit differenzierter Nachfrage und so weiter; seit den Römern war Zeit genug gewesen für eine allmähliche Entwicklung. Regensburg verfügte ganz einfach über einen gewaltigen zeitlichen Vorsprung vor anderen Städten, über einen von vielen Jahrhunderten; das machte sich auch und gerade ökonomisch bemerkbar.

Kurz und gut: Regensburg wurde ab dem 11. Jahrhundert zu einer festen Größe im Bereich der Wirtschaft. Dabei galt, etwas vereinfacht dargestellt: Wirtschaft war Handel; Handel war Fernhandel. Auf der Donau gelangten die Regensburger Kaufleute bis zum Schwarzen Meer; von dort ging es weiter auf einer Nordroute, dem Verlauf anderer Flusssysteme folgend, in die Ukraine, bis nach Kiew, und auf einer Südroute zum Bosporus, nach Konstantinopel, dem heutigen Istanbul. Diese Verbindung war besonders interessant: Wenn man sich vor Augen hält, dass Konstantinopel der Endpunkt war von so berühmten Handelswegen wie der Seidenstraße, die von China her kam, oder der Gewürzstraße aus Indien, dann ergeben sich für das mittelalterliche Regensburg geradezu schwindelerregende Perspekiven: Man hatte tatsächlich einen direkten Anschluss an das Welthandelssystem jener Tage. Und damit nicht genug: Neben der Donauroute, der Lebensader der Stadt, entwickelten sich auch Kontakte in andere Richtungen, südwärts über die Alpen nach Italien, vor allem nach Venedig und in die Toscana; ostwärts, den uralten Weg das Regental entlang, nach Böhmen und Prag und weiter bis Krakau und letztlich auch wieder bis Kiew; westwärts in die Rheinlande und nach Flandern. Die günstige geografische Lage, mit den sich kreuzenden Wegen von Ost nach West, von Nord nach Süd, die schon Regensburgs Vor- und Frühgeschichte maßgeblich geprägt hatte, kam jetzt erst richtig zum Tragen.

Wie gesagt: Handel war Fernhandel; und dieser Fernhandel war vor allem ein Handel mit Luxusgütern. Aus der Ukraine und Russland importierte man Pelze und Felle sowie Edelmetalle, aus dem Orient Seide, Tuche und Gewürze, aus Italien und Flandern Fertigprodukte aller Art. (Es wirft kein vorteilhaftes Licht auf die Stadt, muss aber dennoch erwähnt werden: Zum Sortiment gehörten in beträchtlichem Ausmaß auch Sklaven, jedenfalls in den Frühzeiten des Handels.) Die Waren

DAS „RUNTINGERBUCH"

Es gibt eine einzigartige Quelle zum Thema des mittelalterlichen Fernhandels in Regensburg, das so genannte „Runtinger-Buch", das Handelsregister einer der großen Familien der Stadt, mit den erhalten gebliebenen Aufzeichnungen der Jahre von 1383 bis 1407. In Regensburg waren dies, streng genommen, zwar bereits die Zeiten des beginnenden Niedergangs nach höchster Blüte; die dokumentierten Geschäftsaktivitäten sind jedoch immer noch sehr eindrucksvoll. Alles von Belang ist festgehalten: der Einkauf von Gütern im Ausland, jeweils dort, wo sie besonders günstig zu haben waren; ihr Transport über Regensburg dorthin, wo sie verkauft wurden; dazu Preise, Mengenangaben und so weiter. Eine statistische Auswertung gibt Aufschluss über die bevorzugten Handelsplätze; für den Einkauf waren es Städte in Italien – Venedig, Bologna, Lucca, Mailand – sowie in Flandern, für den Verkauf vor allem Prag und Wien. Als Waren tauchen immer wieder Luxusgüter aus dem Orient auf: Seide (die ein Drittel des Gesamtumsatzes ausmachte) sowie Samt und Baumwolle für die Anfertigung wertvoller Kleidungsstücke; Pfeffer, Safran, Ingwer, Anis, Koriander, Muskat, Zimt zum Würzen; Feigen, eingelegte Früchte, Mandeln, Zucker und anderes exotisches Süßzeug – alles Dinge, die in Regensburger Breitengraden schlicht nicht vorkamen und bei zahlungskräftigen Kunden entsprechend begehrt waren.

wurden nach Regensburg gebracht und teils vor Ort verkauft, teils wieder exportiert. Im einen Fall fungierte die Stadt als Absatzmarkt (wobei die anwesenden Herrscher und ihr Gefolge als Kunden besonders interessant waren), im anderen als Umschlagplatz. Der große Vorteil dabei: Luxusgüter warfen bereits in geringen Mengen enorme Profite ab; das Problem des Transports war damit leichter in den Griff zu bekommen, als es bei Massengütern der Fall gewesen wäre.

Der Reichtum und seine Folgen

Mit dem wirtschaftlichen Aufschwung, mit der Blüte des Handels kam der Reichtum nach Regensburg, in einer Größenordnung, die heute nur noch schwer vorstellbar ist. Aus der Menge der vor Ort lebenden Menschen stiegen einige wenige Familien, die der Großkaufleute und Fernhändler, empor und bildeten eine neue Oberschicht; sie wurden die Patrizier genannt. Namen wie die der Auer, der Zant, der Tundorfer, der Reich, der Löbel, der Gravenreuther, der Runtinger waren bald in aller Munde; über Generationen hinweg sollten sie einen besonderen Klang behalten. Die Patrizier selbst bemühten sich verständlicherweise nach Kräften, das Ihre dazu beizutragen, damit dieser Ruf sich festigte und ausbreitete; sie taten alles, um ihren Wohlstand nach außen hin möglichst wirkungsvoll und für jedermann sichtbar zur Geltung zu bringen. Repräsentation war das Gebot der Stunde; die Folgen davon sind bis heute im Stadtbild von Regensburg zu sehen. Große, imposante Häuser entstanden, wehrhaft, trutzig, burgenartig von außen, weitläufig und elegant nach innen. Als besonderes Statussymbol übernahm man ein Element, das man in Italien, in den dortigen Handelsstädten kennengelernt hatte und das sich ideal zur Nachahmung anbot: den Geschlechterturm. Seine Aussage war simpel: Je höher der Turm, desto reicher die Familie; das war leicht verständlich, das war einprägsam, das war genau das, was man brauchte. Ein ganzes neues Viertel entstand, im Westen der Stadt gelegen, in dem Bereich, den Herzog Arnulf einst zusätzlich hatte ummauern lassen: das Viertel

Geschlechtertürme in der Altstadt von Regensburg, im Vordergrund der Turm des Goliathhauses, im Hintergrund der Bräunelturm am Watmarkt. Besser, als jede Beschreibung es vermag, erschließt sich die Symbolik der Geschlechtertürme als Instrument großbürgerlicher Repräsentation bis heute durch ihre schiere optische Wirkung im Stadtbild.

der Kaufleute. Sein Zentrum war ein großer Markt- und Versammlungsplatz, der Haidplatz.

Es wurde überhaupt viel gebaut im damaligen Regensburg; die nötigen Mittel waren im Überfluss vorhanden. Die Stadt erhielt allmählich die Strukturen und die Formen, die sie für alle Zukunft prägen sollten. Im Westen und im Osten, an den Ausfallstraßen, entstanden neue Vorstädte; um die Wende vom 13. zum 14. Jahrhundert wurden sie ihrerseits ummauert; damit war von der Ausdehnung her vollendet, was die heutige Altstadt von Regensburg ausmacht. (Eine weitere Vorstadt entwickelte sich im Norden, jenseits der Donau, an der Stelle, wo seit den Zeiten Karls des Großen eine Brücke den Fluss überquerte, gewissermaßen also auch an einer der Ausfallstraßen. Das Viertel sollte jedoch später, bedingt durch politische Umstände, von Regensburg getrennt werden und sich als eigenständige Stadt etablieren. Ihr Name: Stadtamhof.) Und es entstanden zwei Bauwerke, für die Regensburg bis heute berühmt ist: im 12. Jahrhundert, als Ersatz für den bestehenden Flussübergang aus Holz, die Steinerne Brücke, die älteste Steinbrücke in ganz Deutschland; im 13. Jahrhundert, ebenfalls als Ersatz für einen Vorgängerbau, der gotische Dom. Beides waren Gebäude für einen ganz konkreten Zweck, gewiss; aber ihr jeweiliges höchst eindrucksvolles Erscheinungsbild spricht doch dafür, dass sie ganz bewusst auch unter dem Gesichtspunkt der Repräsentation konzipiert wurden. Zu Recht gelten sie deshalb bis heute als die aussagekräftigsten Symbole Regensburgs als Metropole des Mittelalters.

Regensburg gewann eine neue Qualität; aus der Hauptstadt wurde geradezu eine Weltstadt. Solch ein Attribut zu verwenden, mag auf den ersten Blick reichlich gewagt wirken; es gibt jedoch eine ganze Menge guter Gründe, die dies tatsächlich gerechtfertigt erscheinen lassen. Zum Beispiel: Regensburg stieg damals, was die Bevölkerungszahl anging, zur zweitgrößten Stadt in ganz Deutschland auf, mit annähernd 20 000 Einwohnern; übertroffen wurde es nur von Köln, wo etwa 30 000 Menschen lebten. Und in dieser Weltstadt – ein zweites Beispiel – herrschte natürlich auch eine entsprechend weltstädtische Atmosphäre. Menschen aus aller Herren Länder hielten sich in ihr auf, Slawen und Griechen, Franzosen und Iren und vor allem Italiener. (An sie erinnert bis heute der Name der „Wahlenstraße", was eigentlich „Welschenstraße" meint, also „Straße der Italiener".) Allenthalben war auch eine große geistige Mobilität zu spüren. Neues Gedankengut, wo immer es in Europa auftauchte, etwa in Gestalt kirchlicher Reformbewegungen, fand binnen kürzester Zeit seinen Weg nach Regensburg und wurde hier in der einen oder anderen Form aufgenommen. So nahm die Stadt regen Anteil, als um die Wende vom 11. zum 12. Jahrhundert der Investiturstreit, die Auseinandersetzung um den prinzipiellen Vorrang von geistlicher oder weltlicher Macht, von Papst oder Kaiser, die Gemüter bewegte. Oder: Es dauerte nur wenige Jahre, bis die zu Beginn des 13. Jahrhunderts neu gegründeten Bettelorden der Dominikaner und Franziskaner in Regensburg auftauchten, sich niederließen und ihre Klöster erbauten. Die Liste ließe sich um viele weitere Beispiele verlängern.

GEISTESGRÖSSEN DES MITTELALTERS

In den Klöstern der Dominikaner und der Franziskaner wirkten unmittelbar nach ihrer Gründung, wenn auch nur vorübergehend, zwei Persönlichkeiten, die zu den bedeutendsten ihrer Zeit zählten. Bei den Dominikanern lebte von 1237 bis 1240 Albertus Magnus, einer der großen Theologen und Philosophen des Mittelalters. In seinen Regensburger Jahren war er allerdings noch nicht so berühmt wie später; seinen überragenden Ruf erwarb er erst, als er ab 1243/44 an der renommierten Universität in Paris arbeitete und lehrte. Dort beschäftigte er sich hauptsächlich mit den kurz zuvor neu entdeckten Werken des Aristoteles, die er mit den christlichen Glaubenslehren in Einklang zu bringen versuchte. Er steht damit am Beginn des theologisch-philosophischen Systems der Scholastik, das einer seiner Schüler, Thomas von Aquin, zur Vollendung bringen sollte. Aufgrund seines hohen Ansehens wandte sich 1260 der Papst höchstpersönlich an Albertus und ernannte ihn zum Bischof von Regensburg. Ein unfähiger Vorgänger hatte hier völlig zerrüttete Zustände hinterlassen; jetzt war ein kompetenter Nachfolger gefragt. So kam Albertus, inzwischen tatsächlich eine Berühmtheit, erneut nach Regensburg. Binnen zweier Jahre gelang es ihm, die Verhältnisse zu stabilisieren; daraufhin trat er zurück, kehrte der Stadt erneut den Rücken und nahm seine Forschungs- und Lehrtätigkeit wieder auf. – Bei den Franziskanern bzw. Minoriten, wie sie auch genannt wurden, lebte in der gleichen Zeit Berthold von Regensburg, ein Volks- und Wanderprediger, der so wirkungsvoll auftrat, dass die Menschen ihm in wahren Massen zuliefen. Jahrelang war er in ganz Europa unterwegs; der Überlieferung zufolge sollen mitunter bis zu 100 000 Zuhörer seinen Ansprachen, die er auf freiem Feld hielt, gelauscht haben. (Das ist natürlich – wie in mittelalterlichen Quellen so oft – grob übertrieben; aber selbst geteilt durch zehn wäre die Größenordnung noch enorm!) Im Alter kehrte Berthold nach Regensburg zurück und verfasste, aus seinem reichhaltigen Fundus schöpfend, mehrere Sammlungen von Musterpredigten. Seine Gebeine sind in der Minoritenkirche St. Salvator bestattet.

In der Tat: Regensburg war eine Weltstadt geworden; und die Menschen, die hier lebten, zumal die aus der reichen Oberschicht, die Patrizier, waren sich dessen auch durchaus bewusst. Aus diesem Selbstbewusstsein entwickelte sich, je länger je mehr, eine neue Identität, eine, die nicht mehr von der Anwesenheit und dem Glanz der Stadtherren – des Herzogs, des Bischofs, des Königs und Kaisers – abgeleitet war, sondern die auf eigenen Leistungen beruhte. Die Patrizier begannen sich als eine zusammengehörige, eigenständige Gruppe zu fühlen, die – so sahen sie es – ihre Stadt in einer besonderen Weise repräsentiere. „Stadt": Dieser Begriff meinte jetzt nicht mehr nur einfach einen Ort; ebenso sehr verstand man darunter auch die Gemeinschaft der Menschen, die an diesem Ort lebten. Oder besser: die Gemeinschaft bestimmter Menschen, nämlich derer, die wirtschaftlich und gesellschaftlich eine gewisse Rolle spielten. „Stadt", das war die Gemeinschaft; der einzelne innerhalb der Gemeinschaft war der „Bürger". Es sollte nicht lang dauern, bis diese neue Vorstellung auch in den Bereich des Rechts Eingang fand; bald schon war Bürger zu sein ein Rechtsstatus und die Stadt eine Rechtskörperschaft.

Diese Entwicklung vollzog sich damals übrigens nicht nur in Regensburg, sondern in ganz Europa. Die Bevölkerung wuchs, und mit ihr wuchsen die Städte, sowohl der Größe als auch der Anzahl nach. Die Wirtschaft – die sich in der gleichen Zeit von der Tausch- zunehmend zur Geldwirtschaft wandelte – expandierte. Die Städter wurden reich; sie wurden selbstbewusst; sie fingen an, sich als Gemeinschaft zu begreifen: Der Mechanismus war immer und überall der gleiche. Eine regelrechte Umwälzung fand statt: Neben die alte feudale Gesellschaft, die von Herren und ihren Gefolgsleuten, trat eine neue, die des Bürgertums.

Im Rückblick scheint das, was folgte, geradezu unvermeidlich gewesen zu sein: Die beiden Welten, die herrschaftliche und die bürgerliche, mussten zwangsläufig früher oder später miteinander in Konflikt geraten, in ganz Europa ebenso wie in Regensburg. Hier war, schon lange bevor der Streit offen ausbrach, im Stadtbild zu sehen, wie sich die Dinge

Dom St. Peter und Steinerne Brücke, Ansicht von Norden. Das Motiv hat längst den Status eines absoluten Klassikers erlangt, wird von Besuchern täglich hundertfach fotografiert und darf in keiner Veröffentlichung über Regensburg fehlen.

immer weiter auseinanderentwickelten. Es war sicher kein reiner Zufall, dass das neue bürgerliche Zentrum um den Haidplatz ziemlich weit abseits vom Viertel der Stadtherren am Alten Kornmarkt und beim Dom lag; fast sieht es so aus, als sei man sich ganz bewusst aus dem Weg gegangen. Und ein anderer Hinweis: Die Geschlechtertürme, die bei den Patriziern so beliebt waren, sollten Reichtum zur Schau stellen, gewiss; daneben bezweckten sie aber noch etwas ganz anderes. Ein Turm, symbolisch gesehen, war immer auch ein weithin sichtbares Zeichen von Herrschaft; die Botschaft lautete also unmissverständlich: Auch die Patrizier beanspruchten Herrschaft, neben den Stadtherren und notfalls gegen sie. Der Konflikt war vorbereitet; es bedurfte nur noch eines Anlasses, ihn offen ausbrechen zu lassen.

Der Kampf um die Stadtherrschaft

Wie und in welchen Formen der Konflikt, als es so weit war, schließlich ausgetragen wurde: Darin allerdings unterscheidet sich die Geschichte Regensburgs deutlich von der anderer Städte. Es kam zu einer interessanten Variante: Die Auseinandersetzung spielte sich nicht – wie es eigentlich zu erwarten gewesen wäre – direkt zwischen den Stadtherren auf der einen und der Bürgerschaft auf der anderen Seite ab. Vielmehr gerieten sich die Stadtherren untereinander in die Haare – sehr zum Vorteil der Bürgerschaft, wie sich schnell herausstellte. Sie war zwischen den streitenden Parteien der lachende Dritte, der immer wieder umworben wurde und der davon immer wieder profitierte. Im Lauf der Zeit erwarb sie alle möglichen Rechte, Privilegien und Freiheiten; Schritt für Schritt näherte sie sich dem angestrebten Ziel, der Selbstständigkeit. Nach einigen Jahrzehnten war es erreicht: Regensburg wurde eine „Freie Reichsstadt".

Grundvoraussetzung für diesen Mechanismus war die Tatsache, dass in Regensburg nicht ein Stadtherr allein, sondern mehrere das Sagen hatten, der Herzog, der Bischof, der König und Kaiser. Das relativ stabile Verhältnis, in dem sie lange Zeit gestanden hatten, geriet gegen Ende des 12. Jahrhunderts aus dem Gleichgewicht; aus Koexistenz wurde Konfrontation. Es ist im Rückblick nicht leicht, das ganze Hin und Her und Auf und Ab in allen Einzelheiten zu überblicken; lässt man sich darauf ein, so muss man sich auch einlassen auf die Irrungen und Wirrungen der großen Politik jener Tage.

Die erste Etappe: Im Jahr 1180 setzte Kaiser Friedrich Barbarossa Herzog Heinrich den Löwen, den letzten Welfen, wegen politischer Unbotmäßigkeit ab; ihm folgte in Bayern Herzog Otto I. aus der Familie der Wittelsbacher. Der Kaiser nutzte die Gelegenheit, seine eigene Position in Regensburg zu stärken; der neue Herzog spielte neben ihm kaum eine Rolle. Doch 1189 starb Friedrich Barbarossa und wenig später, 1196, völlig unerwartet auch Heinrich VI., sein Sohn. Statt einem wurden zwei miteinander rivalisierende Nachfolger gewählt, Philipp von Schwaben und Otto IV. von Braunschweig, was die Machtposition des Königtums schwer beeinträchtigte.

Der Herzog von Bayern, inzwischen nicht mehr Otto I., sondern sein Sohn Ludwig I., brachte sich wieder ins Spiel und übernahm etliches von den königlichen Besitzungen und Rechten in Regensburg; bald war er auf dem besten Weg, alleiniger Stadtherr zu werden: Das war die zweite Etappe. Doch dieser Erfolg rief den dritten, den kirchlichen Machtfaktor auf den Plan; Bischof Konrad IV. stellte sich Herzog Ludwig I. in den Weg und machte eigene Ansprüche geltend. Seine Taktik dabei: Er schloss sich eng an König Philipp an, der inzwischen seinen Rivalen weitgehend verdrängt hatte. So folgte die dritte Etappe: Philipp vermittelte im Jahr 1205 einen Vertrag zwischen Herzog und Bischof, in dem die Stadtherrschaft unter beiden geteilt wurde. Doch wenig später – vierte Etappe – mischte er sich selbst, mit eigenen Interessen, wieder in die Regensburger Angelegenheiten ein: Er verbündete sich mit der Bürgerschaft und erließ 1207 ein Privileg, in dem er ganz bewusst deren Rechte stärkte, zum Schaden für Herzog und Bischof gleichermaßen. Kurz darauf wurde er jedoch ermordet; die Stellung des Königtums brach erneut zusammen. Herzog Ludwig I. war in diesem entscheidenden Augenblick anderweitig beansprucht; so schlug jetzt Bischof Konrads IV. große Stunde. Ein neuer Vertrag mit dem Herzog wurde geschlossen, im Jahr 1213, diesmal mit wesentlich mehr Rechten für den Bischof. Er war jetzt faktisch der alleinige Stadtherr von Regensburg; die fünfte Etappe. In dieser Form schienen sich die Verhältnisse zu stabilisieren. Konrads IV. Nachfolger, Bischof Siegfried, setzte die Politik seines Vorgängers unverändert fort; auch er arbeitete eng mit dem regierenden König und Kaiser zusammen. Auf dem Thron saß inzwischen Friedrich II., der Enkel Friedrich Barbarossas; über viele Jahre hinweg war Siegfried dessen Kanzler. Mit dieser Rückendeckung konnte er in Regensburg mehr oder weniger frei schalten und walten; versuchter Widerstand Herzog Ludwigs I. und später seines Sohns, Herzog Ottos II., war zwecklos. Das Bündnis zwischen Bischof und Kaiser blieb auch bestehen, als Friedrich II. sich mit Siegfrieds Vorgesetztem, dem Papst überwarf – vorerst jedenfalls. Doch dann, 1245, eskalierte dieser Konflikt: Friedrich II. wurde vom Papst für abgesetzt erklärt.

PRIVILEGIEN EINER FREIEN REICHSSTADT

Auf Regensburgs Weg zur Selbstständigkeit waren zwei Schritte besonders wichtig, nämlich die beiden, die mit der Gewährung königlicher oder kaiserlicher Privilegien an die Stadt selbst verbunden waren. In den entsprechenden Urkunden waren ganz konkret die Rechte und Freiheiten verbrieft, die der Bürgerschaft jeweils zugesprochen wurden; auf sie konnte man sich in der Folge bei Bedarf jederzeit berufen. – Das Privileg König Philipps aus dem Jahr 1207 („Philippinum") enthielt unter anderem Regelungen zur Organisation der Handelstätigkeit in Regensburg. Es bestätigte in diesem Zusammenhang die Existenz eines Amts, das sich die Bürgerschaft einige Zeit vorher selbst geschaffen hatte, das des so genannten „Hansgrafen", einer Art Aufseher in Fragen von Handel und Gewerbe. Der Hansgraf – so heißt es im Privileg – erhalte sein Amt, indem er von der Gesamtheit der Bürger („universitas civium") gewählt werde. Die Regelung als solche ist im Grunde nebensächlich; höchst bedeutsam dagegen ist, dass hier zum ersten Mal in einem offiziellen Dokument, quasi regierungsamtlich, jene „Gesamtheit der Bürger", also die Bürgerschaft, die „Stadt" in dem Sinn, den dieses Wort zunehmend bekam, als Rechtskörperschaft anerkannt wurde. – Das Privileg Kaiser Friedrichs II. aus dem Jahr 1245 („Fridericianum") schuf dann die entscheidenden Fakten. Die Bürgerschaft, die „Stadt" (deren Bestehen jetzt schon als eine Selbstverständlichkeit vorausgesetzt wurde) erhielt die Befugnis, in Zukunft Bürgermeister, Stadtrat und städtische Verwaltungsbeamte frei zu wählen. Mit anderen Worten: Regensburg erhielt das Recht der Selbstregierung. Das genaue Datum dieses für Regensburg höchst wichtigen Akts war der 10. November; es wird bis heute in Gestalt des „Stadtfreiheitstags" alljährlich feierlich begangen.

Jetzt wechselte Bischof Siegfried, notgedrungen, die Seiten. Das war aber, was Regensburg betraf, ein entscheidender Fehler. Denn Friedrich II. zögerte keinen Augenblick: Er erließ ein neues Privileg zugunsten der Bürgerschaft und erteilte ihr die Befugnis weitestgehender Selbstregierung. Damit waren sowohl die Rechte des Bischofs als auch die, die der Herzog beanspruchte, hinfällig geworden. Wenig später, 1250, starb Friedrich II.; das Königtum geriet neuerlich – und diesmal dauerhaft – in einen Zustand der Schwäche. Friedrichs II. Nachfolger konnten deshalb auch die verbliebenen königlichen Rechte in Regensburg nicht mehr wahrnehmen. Die Stadt – sechste und letzte Etappe – war frei.

Mit dem Jahr 1245 änderte sich für Regensburg Grundlegendes. Die Stadtherren hatten nicht mehr das Sagen; damit war aber auch die traditionelle Rolle, Hauptstadt zu sein, ausgespielt. Der Bischof war ab jetzt auf den relativ kleinen Bereich beschränkt, der ihm konkret gehörte, auf Dom und Bischofshof. Der Herzog behielt ebenfalls nur seinen direkten Besitz, die Pfalz am Alten Kornmarkt. Von dort aus, eingeengt und eingeschränkt, konnte er selbstverständlich nicht weiterhin sein Land regieren; so gerieten andere, weniger bedeutende Städte in Bayern als potenzielles Zentrum in sein Blickfeld, darunter eine, die langfristig am meisten profitieren sollte: München. Der König und Kaiser schließlich kam auch weiterhin von Zeit zu Zeit nach Regensburg; aber er kam nicht mehr als Herr der Stadt, sondern als ihr Gast.

All dies war zweifellos ein Verlust für Regensburg; angesichts der wirtschaftlichen Lage, die nicht besser hätte sein können, glaubte man jedoch, ihn leicht verschmerzen zu können. Außerdem: Man hatte ja auch viel gewonnen; man war eine „Freie Reichsstadt" geworden. Der Begriff bringt auf den Punkt, was es mit der neuen Rechtsstellung auf sich hatte: Nach innen war man frei von sämtlichen Stadtherren; nach außen blieb man Teil eines größeren Ganzen, des deutschen Reichs. Symbolisch waren die beiden Aspekte im amtlichen Wappen der Stadt vereinigt. Für Regensburg standen – und stehen bis heute – zwei gekreuzte Schlüssel, die Attribute von Petrus, dem traditionellen Schutzheiligen des Doms und der ganzen Stadt; für das Reich stand der doppelköpfige Reichsadler. Zusammen repräsentierten sie die „Freie Reichsstadt Regensburg".

Doch die Freiheit – das darf nicht übersehen werden – hatte durchaus Grenzen. In ihren Genuss kamen bei Weitem nicht alle, die in Regensburg lebten, sondern allein die Bürger, die – wie schon erwähnt – die Stadt verkörperten und demgemäß

Wappen der Freien Reichsstadt Regensburg mit Stadtschlüssel und Reichsadler; Steinmosaik von 1718 im Boden des Vorraums im ersten Stock des Alten Rathauses. Das Selbstverständnis der Freien Reichsstadt Regensburg – Eigenständigkeit auf der einen, Zugehörigkeit zum Reich auf der anderen Seite – wird hier symbolisch exakt auf den Punkt gebracht.

mitsprechen und mitentscheiden durften. Bürger zu sein war etwas ausgesprochen Exklusives, vor 1245 mit einem mehr gesellschaftlichen, jetzt zusätzlich mit einem politischen Akzent; und man achtete peinlich darauf, dass dies auch so blieb. Rechtlich gesehen war Regensburg nicht eine Stadt von 20 000, sondern von kaum 2000 Menschen; und wer dazu nicht gehörte, bekam von der großen Freiheit nichts zu spüren.

Ein weiterer Punkt: In Regensburg hatte man um seine Freiheit nicht – wie in anderen Städten – gekämpft, sondern einfach aus dem Streit der Stadtherren seinen Nutzen gezogen. Man war einen relativ bequemen Weg gegangen – mit der Konsequenz, dass man jetzt eine Freiheit genoss, die nur von außen gewährt und nicht aus eigener Kraft errungen war. Abgesehen davon, dass etwas Gewährtes theoretisch auch wieder rücknehmbar ist: Dem Ganzen haftete unübersehbar noch ein weiterer Makel an. Friedrich II. hatte 1245 der Bürgerschaft prinzipiell nur das zugestehen können, worüber er tatsächlich entscheidungsbefugt gewesen war. Eindeutig nicht war er dies zum Beispiel über den direkten Besitz der anderen Stadtherren gewesen; genau deshalb hatten der Bischof den Bischofshof und der Herzog die Herzogspfalz behalten. Damit nicht genug: Beide, Herzog wie Bischof, besaßen traditionell eigene Gerichte in der Stadt; sie bestanden einfach fort. Und dann waren da noch drei Regensburger Klöster, die im Lauf der Zeit auch ihrerseits politische Autonomie gewonnen hatten, St. Emmeram, das Niedermünster und das Obermünster; sie blieben ebenfalls in ihren Rechten und Privilegien völlig unangetastet. Mit anderen Worten: Die Freie Reichsstadt Regensburg konnte innerhalb ihrer Mauern keineswegs in aller Freiheit schalten und walten, wie sie wollte; ihre Souveränität war eingeschränkt, durchlöchert. Das war ärgerlich; das war aber vor allem auch gefährlich. Denn insbesondere die bayerischen Herzöge waren erwartungsgemäß nicht bereit, das Geschehene einfach zu akzeptieren und auf Regensburg, ihre gewesene Hauptstadt, dauerhaft zu verzichten. Im Augenblick mochten sie bei deren Reichtum machtlos sein; aber das musste nicht für alle Zukunft so bleiben. Sie behaupteten gewisse Ansatzpunkte; vielleicht – wer wusste das schon? – war daraus eines Tages wieder mehr zu machen. Es gab, auf lange Sicht, einen Grund der Hoffnung für die Herzöge – und somit einen Grund der Sorge für die Stadt.

Die Strukturen der Stadt

Freilich: Dies waren Zukunftsperspektiven, höchst ungewisse noch dazu; im Augenblick, in der Zeit unmittelbar nach 1245, stand Regensburg völlig unerschütterlich da. Die Stadt befand sich auf dem Höhepunkt ihrer wirtschaftlichen Entwicklung; ihre Größe beeindruckte jeden, der sie besuchte. Wenn ein Fremder auf einer der Haupteinfallstraßen von Osten oder von Westen sich Regensburg näherte, musste er zunächst die im Entstehen begriffenen Vorstädte durchqueren; dort sah er, wie allenthalben gebaut wurde, an Privathäusern, an Wirtschaftsgebäuden und vor allem an den neuen Befestigungsanlagen, die bald schon die Vorstädte komplett in die bisherige Stadt einbeziehen sollten. Kam er auf dem Schiff, die Donau entlang,

REGENSBURGER STRASSENNAMEN
Erst zu Beginn des 19. Jahrhunderts wurden die Regensburger Straßennamen amtlich fixiert. Man behielt damals die traditionellen Bezeichnungen bei; mit etwas Vorstellungskraft kann man deshalb bei einem Spaziergang in der Altstadt auch heute noch dem Alltagsleben der Regensburger aus früheren Zeiten nachspüren. Die meisten alten Kirchen und ehemaligen Klöster sind allerdings auch baulich nach wie vor erhalten; in diesen Fällen gewinnt man über die Straßennamen kaum neue Erkenntnisse. Bei den Wirtshäusern ist es schon anders: An viele von ihnen, mit ihren überaus fantasievollen Namen – Goldener Bär, Silberner Kranz, Blaue Lilie, Drei Mohren –, erinnert nichts mehr, außer eben die Bezeichnungen der Straßen und Gassen, die an ihnen vorbeiführten. Ebenso an die ganze Vielfalt der Berufsstände, von denen fast alle längst ausgestorben sind: die der Krämer und Tändler, der Lederer und Weißgerber, der Schäffner, der Wollwirker, der Pfannenschmiede und vieler anderer mehr. Namen von ehemaligen Hausbesitzern – Fuchs, Loth, Gichtl, Zierold, Haag, Prinz – lassen sich dingfest machen, manchmal auch die Namen der Häuser selbst, die Grieb, der Römling, der Goliath. Dann die Funktion der Plätze natürlich: Auf dem einen wurden Kohlen verkauft, auf dem anderen Fische, oder Wein, oder Korn, oder Kräuter und Gemüse. Und weiter: Vor dem Verkauf mussten die Waren erst einmal nach Regensburg angeliefert werden, vorzugsweise auf der Donau; deshalb gibt es, zum Beispiel, neben dem Weinmarkt die Weinlände, wo der Wein von den Schiffen an Land gebracht wurde. Manche Straßennamen allerdings erschließen sich erst nach längerem Tüfteln, so das „Grüne Gässchen", das eigentlich ein „krummes Gässchen" ist, oder die „Hundsumkehr", die nichts mit Hunden, sondern mit dem alten deutschen Wort „hunz" = „bis hin zu" zu tun hat und einfach „Sackgasse" meint …

fiel ihm als erstes die Steinerne Brücke ins Auge, ein Bauwerk, das weit und breit geradezu als Weltwunder galt; es sollte ihn gleich zu Beginn seines Besuchs auf Regensburgs Macht und Pracht einstimmen. In der Stadt dann, vor allem in ihrem Zentrum, umfing ihn das bunte Leben und die emsige Geschäf-

Regensburg, Ansicht von Norden; Holzschnitt von Michael Wolgemut aus der Weltchronik des Hartmann Schedel, Nürnberg 1493. Der Holzschnitt ist die älteste Gesamtansicht des mittelalterlichen Regensburg und damit schon an und für sich von besonderem Wert; durch die detailgetreue

tigkeit der fast 20 000-köpfigen Großstadt. Ein verwirrendes Durcheinander von Gassen, Straßen und Plätzen, allesamt noch ungepflastert, bot sich ihm dar. Erst bei näherem Hinsehen fielen ihm gewisse Strukturen ins Auge, an die er sich zu seiner Orientierung halten konnte. Die Plätze waren im Wesentlichen nach ihrer jeweiligen Funktion benannt; zusammen bildeten sie Platzfolgen, immer in ost-westlicher Richtung aneinandergereiht: Hierin spiegelte sich die Entwicklung der Stadt längs ihrer Lebensader, der Donau. Und auch die Namen der Straßen halfen ihm weiter: Sie wiesen auf charakteristische Gebäude oder Einrichtungen hin, häufig auf Kirchen oder Wirtshäuser, oder sie bezogen sich auf bestimmte Bevölkerungsgruppen, meist Berufsstände, die an Ort und Stelle wohnten.

Wiedergabe der Stadtsilhouette gewinnt er geradezu dokumentarischen Charakter. Besonders auffällig sind der noch unvollendete Dom und die Vielzahl von Geschlechtertürmen. – Regensburg, Historisches Museum.

Unpraktisch nur: Die Straßennamen waren nirgendwo angeschrieben; der Fremde musste in jedem Einzelfall bei den Einheimischen nachfragen, welche Bezeichnungen sich eingebürgert hatten. Nicht immer waren sie eindeutig – was die Orientierung wieder erschwerte.

Was einem Fremden wahrscheinlich nicht so schnell auffiel, waren bestimmte Einteilungen innerhalb Regensburgs, die verwaltungstechnischen Zwecken dienten, zum Beispiel die Unterscheidung von „Oberer Stadt" und „Unterer Stadt". Die Grenze zwischen beiden bildete ein kleiner Bach, Zufluss der Donau, der seit alters Regensburg von Süd nach Nord durchquerte, der so genannte Vitusbach. (Er entsprang im Umland, im Bereich eines Klosters mit Namen St. Vitus; daher sein

Name.) Er schied die Stadt in zwei ungefähr gleich große Hälften; die westliche hieß im allgemeinen Sprachgebrauch die „obere", weil sie ein Stück donauaufwärts lag, und die östliche, donauabwärts gelegene, die „untere Stadt". Die Einteilung wurde vor allem im Kirchenwesen verwandt: Es gab eine Pfarrei der Oberen Stadt mit der Pfarrkirche St. Rupert, die an den Komplex des Klosters St. Emmeram angeschlossen war, und eine Pfarrei der Unteren Stadt mit der Pfarrkirche St. Ulrich, in unmittelbarer Nachbarschaft des Doms gelegen. Bei diesen beiden Kirchen befanden sich auch die Friedhöfe. (Beide sind längst stillgelegt und ausgelagert; ihre weiter stadtauswärts gelegenen Nachfolger, jedenfalls was die katholische Kirche angeht, werden aber auch heute noch nach „oben" und „unten" unterschieden.)

Wichtiger für die städtische Verwaltung war eine andere Einteilung, die in acht Stadtviertel, die so genannten „Wachten". Wie bei den Straßen leiteten sich ihre Namen von der Lage oder von den Bewohnern ab; es gab die Westnerwacht (nach der Lage im Westen), die Schererwacht (nach dem Berufsstand der Tuchscherer), die Wildwercherwacht (nach dem Berufsstand der Kürschner), die Donauwacht (nach der Lage an der Donau), die Wahlenwacht (nach der Lage an der Wahlenstraße), die Witwangerwacht (nach dem Berufsstand der Holzhändler), die Pauluserwacht (nach der Lage am Kloster St. Paul) und die Ostnerwacht (nach der Lage im Osten). Wie und wann die Wachten entstanden, ist bei den Experten nicht restlos geklärt; leichter ist es, ihre Funktionen zu bestimmen. Vereinfacht ausgedrückt: Auf der Ebene der Wacht wurden dezentral kleinere Verwaltungsangelegenheiten erledigt, zum Beispiel Baugenehmigungen erteilt oder Grenzstreitigkeiten zwischen Grundstückseigentümern beigelegt. Zu diesem Zweck hatte die Wacht eigene Organe, einen Wachtmeister sowie einen Rat von acht ehrbaren Bürgern, der ihm zur Seite stand. Einmal im Jahr kamen sämtliche Bürger der Wacht auf einem öffentlichen Platz in ihrem Quartier zusammen; in einer feierlichen Zeremonie wurde ihnen verlesen, was ihre Rechte und Pflichten waren; anschließend leisteten sie einen Treueid auf die städtische Verfassung. Dieses

„Wachtgeding" – so der Fachausdruck – gehörte zum Eindrucksvollsten und Aussagekräftigsten, was das öffentliche Leben der Freien Reichsstadt Regensburg zu bieten hatte.

Die Bewohner der Stadt

Bei näherem Hinsehen war die Stadt, die auf den ersten Blick so unübersichtlich wirkte, also durchaus sinnvoll strukturiert und gegliedert. Nicht anders verhielt es sich mit den in ihr lebenden Menschen. Die fast 20 000 Einwohner Regensburgs bildeten keineswegs eine amorphe Masse; vielmehr setzten sie sich aus ganz unterschiedlichen Gruppen zusammen. Jede von ihnen hatte ihre eigenen Lebensformen, ihr eigenes Selbstbewusstsein, ihre eigene Identität. Das Trennende wurde oftmals mindestens so stark empfunden wie das Verbindende; darin unterschied sich die Stadt des Mittelalters nicht von der heutiger Tage.

Die einzelnen Berufsstände, zum Beispiel, bildeten ausgesprochen geschlossene Gesellschaften. Man war in Zünften organisiert, die Beruf und Freizeit gleichermaßen reglementierten; man wohnte zusammen in bestimmten Straßenzügen; man trug charakteristische Trachten. Kurz: Man lebte sein Leben weitgehend im Kontext von seinesgleichen. Von den anderen Berufsständen und ihren Zünften grenzte man sich in aller Deutlichkeit ab – was mitunter, bei Festlichkeiten oder ähnlichen Anlässen, zu handfestem Streit und Unruhen führen konnte. Besonders tief war dabei die Kluft, die zwischen den Handwerkern auf der einen und den Kaufleuten auf der anderen Seite bestand; hier ging es nicht nur um gesellschaftliche, sondern um sehr ernsthafte politische Dinge. Regensburg lebte vor allem vom Handel; dementsprechend waren es die Kaufleute, insbesondere die Großkaufleute, die Patrizier, die in der Stadt den Ton angaben. Sie führten, seitdem Regensburg frei geworden war, das Regiment, bildeten den Stadtrat, verwalteten die wichtigsten städtischen Ämter – und sie waren naturgemäß daran interessiert, dass dies für immer so bleiben sollte. Blickten sie jedoch über die eigenen Mauern hinaus in andere Städte, dann konnten sie sehen, dass häufig nach einer gewissen Zeit auch die Handwerker und ihre Zünfte sich ins politische Geschehen einzumischen begannen und einen Teil der Macht für sich beanspruchten. Mitunter entstanden daraus schwere und lang andauernde innere Auseinandersetzungen und Kämpfe; oft genug endeten sie damit, dass die Patrizier nachgeben und die Macht teilen mussten. In Regensburg, zu Hause, war man angesichts dessen bestrebt, schon den allerersten Anfängen zu wehren: Um die Zünfte klein zu halten, wurde der Handwerkerstand insgesamt klein gehalten. Die Strategie funktionierte – allerdings um einen hohen Preis: Der Handel allein dominierte das ganze Wirtschaftsleben; es etablierte sich eine regelrechte Monostruktur. Das war langfristig nicht unbedenklich; doch darüber machte sich offensichtlich niemand große Sorgen. So gut, wie der Handel lief, so glänzend, wie die Geschäfte sich immer aufs Neue anließen, sah man die möglichen Gefahren nicht, konnte und wollte sie wohl auch nicht sehen.

Neben ihrer beruflichen Zugehörigkeit unterschieden sich die Bewohner von Regensburg – und dieses Kriterium war mindestens ebenso wichtig – auch nach ihrer rechtlichen Stellung. Den Grundsatz, dass alle Menschen vor dem Gesetz gleich seien, kannte das Mittelalter nicht, ganz im Gegenteil: Verschiedenste Rechtsbereiche, gültig für bestimmte Personengruppen, standen nebeneinander; und je nach dem, zu welcher dieser Gruppen der Einzelne gehörte, desto mehr oder weniger Rechte hatte er und damit Möglichkeiten, am öffentlichen Leben teilzuhaben.

In rechtlicher Hinsicht am meisten privilegiert waren zweifellos die Bürger. Sie verkörperten die Freie Reichsstadt Regensburg; sie allein hatten die Möglichkeit, sich politisch zu betätigen, zu wählen, Ämter zu übernehmen und so weiter. Jedoch: Nicht allen Bürgern standen alle Ämter offen. Die Stellen im wichtigsten Verwaltungsgremium, dem Stadtrat, waren innerhalb der Bürgerschaft dem relativ kleinen Kreis derer vorbehalten, die auch in wirtschaftlicher Hinsicht die Stadt dominierten, den Großkaufleuten, den Patriziern. Sie waren die eigentliche Führungsschicht – eine Schicht, deren Zusammensetzung über Generationen hinweg erstaunlich stabil

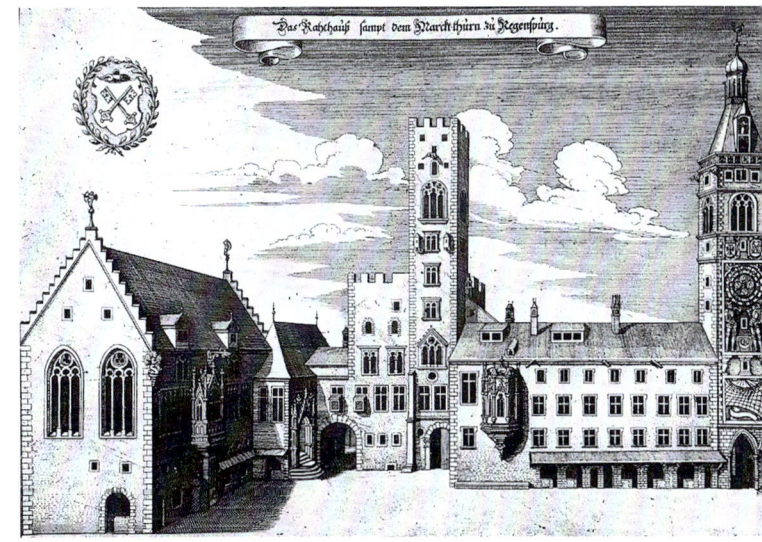

Altes Rathaus; Kupferstich von Matthäus Merian, 1644. Den Kern der Anlage bildet der Mitteltrakt mit Rathausturm, erbaut um 1250, kurz nach dem Aufstieg Regensburgs zur Freien Reichsstadt. Nicht ohne Grund ähnelt er einem Patrizierhaus mit Geschlechterturm; schließlich wurde er für den Rat, also für die Patrizier gebaut. Westlich (im Bild links) schließt ein Gebäudeteil mit großem Festsaal im ersten Stock an, errichtet um 1360. Der östliche Trakt mit dem Marktturm wurde im 17. und 18. Jahrhundert durch einen Neubau ersetzt.

blieb: Immer wieder tauchen in den Ratsverzeichnissen des Mittelalters die gleichen Familiennamen auf. Patrizier gab es zwischen 60 und 70 in Regensburg, Bürger – wie schon erwähnt – annähernd 2000, bei einer Gesamtbevölkerung von 20 000. Das Bürgerrecht war erblich. Es bot dem, der es besaß, neben den politischen noch eine Reihe weiterer Vorteile: Nur Bürger durften sich unbegrenzt in der Stadt aufhalten; nur Bürger durften Haus- und Grundbesitz erwerben; nur Bürger durften selbstständig ein Gewerbe betreiben.

Neben den Bürgern, oder besser: unter ihnen, standen die so genannten Beisitzer. Zu dieser Gruppe gehörten zum Beispiel Zugezogene, die zunächst nur eine begrenzte Aufenthaltsgenehmigung gewährt bekamen. Mit etwas Glück konnten sie nach einiger Zeit das Bürgerrecht erwerben, vor allem wenn sie wirtschaftlich erfolgreich waren. Denn darin bestand die wichtigste Bedingung, in den Kreis der Bürger aufgenommen zu werden: Man musste ein bestimmtes Vermögen oder Einkommen nachweisen können. Ebenfalls Beisitzer waren alle, die kein selbstständiges Gewerbe betrieben, also etwa die Gesellen eines Handwerkermeisters. Und nicht zuletzt zählten zu den Beisitzern alleinstehende Frauen; das Bürgerrecht war reine Männersache.

Für beide Gruppen waren die Institutionen – Ämter und Gerichte – der Freien Reichsstadt zuständig; Bürger und Beisitzer unterstanden somit direkt deren Obrigkeit, ihren Gesetzen und ihren Vorschriften. Es gab jedoch auch Menschen, die zwar in Regensburg ansässig waren, die aber mit der Freien Reichsstadt nichts zu tun hatten; bei ihnen tritt besonders deutlich die Unterscheidung zutage, die immer wieder gemacht werden muss zwischen der Stadt als Lebensraum und der Stadt als Rechtskörperschaft. Am wichtigsten, weil zahlenmäßig am größten: der Klerus, die ganze Menge der Geistlichen, die im Umkreis des Bischofs und der Klöster lebten und arbeiteten, samt ihren weltlichen Dienstleuten. Sie alle achteten streng darauf, dass ihre „Immunität" gewahrt blieb, das Recht, von keiner weltlichen Macht beherrscht, besteuert und insbesondere vor Gericht gezogen zu werden. Dementsprechend gab es spezielle geistliche Gerichtsinstanzen, vor allem das bischöfliche Propstgericht. Ein ähnlicher Fall: die in Regensburg lebenden Amts- und Dienstleute des bayerischen Herzogs; auch sie hatten ein eigenes Gericht, das herzogliche Schultheißengericht. Mit anderen Worten: Große und wichtige Personenkreise waren der Kontrolle und dem Zugriff der Freien Reichsstadt komplett entzogen; hier manifestierte sich ganz konkret ihre durchlöcherte Souveränität.

In der Praxis fand man aber schließlich doch Mittel und Wege, auch auf die beiden genannten Gruppen Einfluss zu nehmen. Der Punkt, von dem aus man ansetzte, war einmal mehr Regensburgs wirtschaftliche Stärke. Bischof und Herzog steckten oft in Geldnöten; die Freie Reichsstadt gewährte ihnen Kredite; als Sicherheit ließ sie sich Pfänder geben. Nicht

Münzschatz aus dem ehemaligen jüdischen Viertel, geborgen im August 1996. Der Schatz umfasst 624 Goldstücke verschiedener Herkunft. Er wurde im Jahr 1388, als in einem Krieg bayerische Truppen Regensburg belagerten, von einem wohlhabenden jüdischen Regensburger im Kellerboden seines Hauses versteckt. Die Summe entsprach in damaliger Kaufkraft etwa dem Wert von zwei Bürgerhäusern – eine Menge Geld also. – Regensburg, Historisches Museum.

irgendwelche; ganz zielstrebig und sehr bewusst legte sie vielmehr Hand auf alles, was dazu diente, die eigene Position zu festigen und auszubauen, auf Dörfer und Märkte in der unmittelbaren Umgebung zum Beispiel, zwecks Abrundung des territorialen Bestands, oder eben auf die Besetzung und Aus-

REGENSBURGS JÜDISCHE GEMEINDE

Eine ganz besondere Gruppe innerhalb der Regensburger Bevölkerung bildeten die Juden. Die jüdische Gemeinde bestand aus ungefähr 500 Personen; damit war sie eine der größten in Deutschland. Wobei „groß" nicht nur eine Frage der Quantität war: Die Regensburger Thoraschule, zum Beispiel, hatte einen Ruf, der weit über die Stadt hinausreichte; bedeutende Gelehrte wie der Rabbi Jehuda ben Samuel he-Chasid („der Fromme") wirkten hier. Die Juden lebten in einem eigenen Viertel im Bereich des heutigen Neupfarrplatzes; dort gab es neben knapp 40 Wohnhäusern eine Synagoge und eine Reihe von anderen Einrichtungen, die für die Gemeindestrukturen notwendig waren. (Das Areal ist bei Grabungen in den 1990er-Jahren ausgiebig erforscht worden, wobei eine Fülle überaus interessanter Funde zutage kam, unter anderem – höchst spektakulär! – ein umfangreicher Schatz von Goldmünzen.) Das Verhältnis der Juden zu ihrer christlichen Umwelt scheint im frühen Mittelalter zunächst relativ problemlos gewesen zu sein. Erste Zeugnisse aus der Zeit um 1000 lassen jedenfalls in keiner Weise auf eine wie auch immer geartete Diskriminierung schließen: Die Juden waren nahezu vollständig in die städtische Gesellschaft integriert; manche von ihnen gehörten als Großkaufleute durchaus zur Oberschicht. Erst im späten Mittelalter machten sich auch in Regensburg die Folgen einer planmäßigen Strategie der Ausgrenzung bemerkbar, die kirchliche und weltliche Obrigkeit gleichermaßen betrieben. Die Juden erhielten einen speziellen Rechtsstatus; sie wurden in bestimmte Berufe gedrängt, vor allem in das Gewerbe des Geldverleihens; sie mussten sich an Kleiderordnungen halten. Immerhin: Während damals andernorts in Deutschland bereits antijüdische Pogrome aufflammten, blieb man in Regensburg erstaunlich zurückhaltend. Aus dem Jahr 1349, als die Juden landauf, landab für die erste große Pestepidemie verantwortlich gemacht wurden, ist sogar ein Schutzbrief Regensburger Bürger für die ansässige Gemeinde erhalten – gelebte Solidarität anstatt der sonst allzu oft üblichen Verfolgung und Vertreibung. Der Grund ist denkbar einfach: Der Stadt ging es gut; es gab keine wirtschaftlichen Probleme; man brauchte keine Sündenböcke – jedenfalls vorerst nicht.

Sitzung des Stadtrats; Miniatur von Hans Mielich, Regensburg 1536. Die 16 Mitglieder des Stadtrats tagen traditionsgemäß in der Ratsstube im ersten Stock des Mitteltrakts vom Alten Rathaus. Die Räumlichkeiten präsentieren sich heute im Wesentlichen in originalgetreu rekonstruierten Formen. – Regensburg, Historisches Museum.

übung der beiden stadtfremden Gerichte. Über Generationen hinweg waren sowohl das Propstgericht als auch das Schultheißengericht vom Bischof und vom Herzog an die Freie Reichsstadt verpfändet – und somit die Löcher in der Souveränität fürs erste gestopft.

Ihre konkrete Manifestation fand die Souveränität der Freien Reichsstadt im Gremium des Stadtrats; er tagte im Alten Rathaus. Der Stadtrat machte die Gesetze, führte sie aus und ahndete ihre Übertretung; er war Legislative, Exekutive und Judikative in einem. Seine 16 Mitglieder wurden von den Bürgern gewählt; aber da sie aus den Kreisen der Patrizier stammen mussten, war die Freiheit der Wahl nicht besonders groß. Das Regiment von einigen wenigen blieb unangefochten; in der Freien Reichsstadt Regensburg herrschte eine klassische Oligarchie. Zwar gab es neben dem Stadtrat noch andere Gremien, die eher demokratischen Grundsätzen verpflichtet waren, vor allem den Äußeren Rat mit 30 Mitgliedern, in den auch Nicht-Patrizier gewählt werden konnten, und die so genannte Gemeinde, die ursprünglich eine Versammlung aller Bürger und später ein Bürger-Ausschuss von etwa 40 Personen war. Die Befugnisse dieser Gremien waren jedoch eng begrenzt; denen, die tatsächlich die Macht ausübten, konnten sie zu keiner Zeit ernsthaft bedrohlich werden.

Eine einzige Gefahrenquelle gab es; sie war verkörpert im Amt des Bürgermeisters. Denn der Bürgermeister, gewählt von der Gemeinde mit der Aufgabe, den Frieden nach innen zu wahren und für die Verteidigung nach außen zu sorgen, durfte nach geltendem Recht nicht gleichzeitig Mitglied im Stadtrat sein. Mit anderen Worten: Der Bürgermeister war kein Patrizier; oder umgekehrt: Ein Patrizier konnte nicht Bürgermeister sein. Das Amt befand sich somit außerhalb der Kontrolle derer, die sonst alles kontrollierten – ein Ärgernis, das es baldmöglichst aus der Welt zu schaffen galt. Dies gelang nicht von heute auf morgen; doch im Lauf der Zeit, in mehreren kleineren Schritten, konnten die Patrizier sich tatsächlich gegen den als Fremdkörper empfundenen Bürgermeister durchsetzen. Zuerst wurde dessen Amtszeit auf ein Jahr begrenzt; dann bestimmte man, dass nur noch Auswärtige Bürgermeister werden durften, also Personen ohne größeren Rückhalt in der Stadt; zuletzt, 1429, wurde das Amt komplett abgeschafft. An die Stelle des Bürgermeisters trat der Kämmerer, ein Mitglied des Stadtrats, ein Patrizier. Seine Position war allerdings eine rein formelle; die Amtszeit betrug jeweils nicht mehr als ein Vierteljahr. Alle wesentlichen Funktionen, die die Freie Reichsstadt Regensburg zu vergeben hatte, waren nun in den Händen ein und derselben exklusiven Gruppe vereint. Die Patrizier herrschten unumschränkt, in wirtschaftlicher und in politischer Hinsicht. Die Entwicklung der Freien Reichsstadt war in gewisser Weise an einen logischen Schluss- und Höhepunkt gelangt.

„Stadt des Reichs": Regensburg in der frühen Neuzeit

Durch florierenden Handel war Regensburg reich und durch Reichtum frei geworden; die beiden Aspekte, der wirtschaftliche und der politische, hatten in enger Verflechtung dafür gesorgt, dass die Geschichte der Stadt über Jahrhunderte hinweg eine ausgesprochene Erfolgsgeschichte war. Dieser Zusammenhang barg jedoch auch eine beträchtliche Gefahr: Was würde aus Regensburg, aus der Freien Reichsstadt werden, wenn die wirtschaftliche Expansion einmal an ihre Grenzen stoßen oder sich gar in ihr Gegenteil, in Stagnation und Abstieg verkehren würde? Während der langen Zeiten der Blüte stellte sich verständlicherweise niemand diese Frage; und niemand traf Vorkehrungen für den Fall, dass die Dinge einmal weniger gut laufen würden. Es hätte sich beispielsweise angeboten, in Ruhe zu überlegen, ob nicht zum langfristigen Nutzen der Stadt gegen die wirtschaftliche Dominanz des Handels und die politische Dominanz der Patrizier – beides bedenkliche Einseitigkeiten – etwas zu unternehmen war; genau das geschah nicht. Ganz im Gegenteil: Die Regensburger Führungsschicht betrieb eine reine Interessenpolitik; in egoistischem Kalkül akzentuierte sie die bestehenden Monostrukturen noch, anstatt sie zu beheben. Davon ist schon die Rede gewesen: Das Handwerk wurde bewusst gehemmt, die Verwaltungsämter immer exklusiver den Patriziern vorbehalten. Sie herrschten schließlich allein in Regensburg, sowohl wirtschaftlich als auch politisch. Die Konsequenz ist leicht zu ziehen: Das Schicksal der Patrizier war auch das Schicksal der Freien Reichsstadt – in guten wie in schlechten Zeiten.

Wirtschaftlicher Niedergang

Kein wirtschaftlicher Aufschwung dauert ewig; diese Erfahrung musste irgendwann auch Regensburg machen. Generationen von Kaufleuten hatten erlebt, wie ihre Geschäfte sich besser und besser anließen. Im 14. Jahrhundert jedoch fing diese Dynamik an, sich abzuschwächen und, zunächst langsam und unmerklich, bald immer schneller und deutlicher wahrnehmbar, in ihr Gegenteil zu verkehren. Gewiss: Das ging nicht von heute auf morgen; es dauerte eine ganze Zeit, bis eine der reichsten Städte Deutschlands wirklich und ernsthaft verarmte. Doch schließlich, im 15. Jahrhundert, war es so weit: Regensburg geriet in echte wirtschaftliche Schwierigkeiten – eine völlig neue Situation für die erfolgverwöhnten Bürger.

Macht man sich daran, nach den Ursachen zu forschen, so stößt man auf eine geradezu klassische Kombination von internen und externen, von strukturellen und psychologischen Faktoren, die denkbar ungünstig zusammenwirkten. Regensburg hatte einst davon profitiert, weit und breit die einzige voll ausgebildete Stadt zu sein; das änderte sich allmählich. Neugegründete Städte – Landshut, Nürnberg, München, um nur die in der näheren Umgebung zu nennen – kamen empor; ihre Kaufleute wurden ernstzunehmende Konkurrenten. Neu am Markt, wie sie waren, hatten sie oftmals ein besseres Gespür dafür, dass sich sowohl die Zusammensetzung als auch die Bedürfnisse der Kundschaft stark gewandelt hatten. Zum einen: Der Kreis potenzieller Konsumenten war viel größer geworden. Zum anderen: Nachfrage bestand jetzt nicht mehr in erster Linie nach Luxus-, sondern nach Massengütern aller Art. In Regensburg hatte man diese Entwicklungen schlicht verschlafen; der Erfolg hatte bequem und unflexibel gemacht. Die ganze Mentalität der einst so unternehmungsfreudigen Patrizier hatte sich verändert: Sie waren reich geworden und beschäftigten sich lieber mit den angenehmen Dingen des Lebens. Statt zu investieren und zu modernisieren, verlegten sie sich darauf, zu repräsentieren und zu imitieren. Nachahmung des Adels kam in Mode: Man pflegte einen feudalen Lebensstil, mit all der Großzügigkeit und Verschwendung, die dazugehörte. Man baute regelrechte Burgen in der Stadt; teilweise kaufte man gar komplette adelige Landgüter und zog sich vollends aus Regensburg zurück. Wirtschaftliche Innovationen waren von dieser Art Patrizier nicht mehr zu erwarten. Bald schon verpassten sie den Anschluss an den Wandel der Zeiten; ihr Niedergang begann.

Das Fatale daran: Es gab nichts, was ihn hätte kompensieren können. Regensburg lebte nun einmal überwiegend vom Handel; andere Gewerbezweige, insbesondere die Produktion, waren nur sehr schwach entwickelt. Jetzt rächte sich, was Taktik der Patrizier gewesen war: Das absichtlich klein und unbedeutend gehaltene Handwerk konnte die Verluste, die der Handel einfuhr, in keiner Weise ausgleichen. Eine andere mögliche Alternative hatte Regensburg sich schon 1245 verbaut: Damals waren die ehemaligen Stadtherren erfolgreich verdrängt worden – und mit ihnen ihre ganze, beträchtliche Kaufkraft. Mehr noch: Einer davon, der Herzog von Bayern, hatte nie verwunden, dass ihm ausgerechnet seine traditionelle Hauptstadt entglitten war; er setzte alles daran, sie zurückzugewinnen. Nicht mit Gewalt, nicht von heute auf morgen; es gab subtilere Methoden. Er förderte Städte in der Nachbarschaft und verlieh ihnen Märkte und Handelsprivilegien; damit schuf er den Regensburgern unliebsame Konkurrenz. Er erhob hohe Zölle auf alle Waren, die die Grenzen zur Freien Reichsstadt passierten; damit veranlasste er, dass sich die Handelswege zu verlagern begannen. Es war eine Taktik der Nadelstiche und der Schikanen. Sie bedurfte eines langen Atems; doch auf die Dauer blieb der Erfolg nicht aus.

Der Weg des Niedergangs war bereits beschritten, da traf Regensburg der schwerste Schlag. Im 15. Jahrhundert setzten sich, von Kleinasien kommend, die Türken auf dem Balkan fest; 1453 eroberten sie Konstantinopel; bald beherrschten sie die Länder bis Ungarn und Österreich hinauf. Die Türken galten als Erb- und Erzfeinde der Christenheit; Krieg mit ihnen war der Dauerzustand, friedliche Kontakte undenkbar. Für Regensburg hieß das: Die Handelsroute entlang der Donau wurde unterbrochen; die Lebensader, aus der sich der Reichtum der Stadt gespeist hatte, versiegte. Mit umgekehrtem Vorzeichen wiederholten sich die Vorgänge des frühen Mittelalters. Damals hatte die freie und durchgehende Benutzung der Donau Regensburgs Aufstieg entscheidend befördert; ihre Sperrung besiegelte jetzt endgültig den Niedergang. Wenig später, am Ende des 15. Jahrhunderts, begann die Schifffahrt über die Ozeane, wurde Amerika entdeckt; das Koordinatensystem des gesamten europäischen Handels verschob sich nach Westen, zu den Häfen des Atlantik; Regensburg geriet noch mehr ins Abseits. Doch das war angesichts des Vorausgegangenen eigentlich nur noch von untergeordneter Bedeutung. Der Kreis hatte sich bereits geschlossen; die Rolle der glänzenden Handelsmetropole war ausgespielt.

Die Folgen waren dramatisch. Was die Stadt einst ausgezeichnet hatte, ihre Vielfalt, ihre Dynamik, ihre weltläufige Atmosphäre: All das verflüchtigte sich, verschwand. Die Bevölkerungszahl stagnierte und verharrte für Jahrhunderte auf dem erreichten Stand von 20 000 Einwohnern: Das mochte einst viel gewesen sein; bald war es kaum mehr der Rede wert. Nirgendwo entstanden neue Stadtviertel; der Raum innerhalb der alten Mauern reichte noch im 19. Jahrhundert völlig aus. Die Bautätigkeit erlahmte; das traditionelle Aussehen der Plätze, Straßen und Gassen bestand fort, selbst als längst neue Bauweisen und Stile aufgekommen waren. Das Stadtbild veraltete – ein für jedermann sichtbares Zeugnis dafür, dass Regensburg nicht mehr Schritt halten konnte mit der Zeit. In höchstem Maß symbolisch: die Verhältnisse am Dom. Während der Blütezeit des 13. Jahrhunderts begonnen, mussten die Bauarbeiten zu Beginn des 16. Jahrhunderts eingestellt werden; statt Regensburgs Reichtum verkündete der Dom jetzt nur noch Regensburgs Ruin.

Das waren Äußerlichkeiten. Bedenklicher und gefährlicher: Das ganze innere Gefüge der Freien Reichsstadt kam ins Wanken. Das Steueraufkommen reduzierte sich; der städtische Haushalt geriet in ein permanentes Defizit. Zahlreiche Menschen verarmten; soziale Spannungen und Unruhen waren die Folge. Die allgemeine Unzufriedenheit mit dem bestehenden Stadtregiment wuchs. Die herrschenden Patrizier konnten all dem wenig entgegensetzen. Ihre politische Autorität hatte im Grunde immer auf ihrem wirtschaftlichen Erfolg beruht; jetzt ging das eine mit dem anderen zuschanden. Ihre Machtposition als solche stand in Frage – und damit, angesichts des hohen Grades von Identifikation, die gesamte Verfassung der Freien Reichsstadt. Gleichzeitig drohte Gefahr von außen. Der

Herzog von Bayern, der beharrlichste der ehemaligen Stadtherren, sah endlich seine Chance kommen. Regensburg war geschwächt; das war die Gelegenheit, es wieder seiner Herrschaft zu unterwerfen. Von innen wie von außen: Die Freie Reichsstadt Regensburg war in ihrer Existenz bedroht. Unaufhaltsam steuerte sie einer schweren Krise entgegen.

Die Krise um 1500

Was die Krise schließlich auslöste, war ein bewusst kalkulierter Schachzug des Herzogs von Bayern. Wieder, wie schon so oft in der Vergangenheit, ging er höchst subtil und doch höchst wirksam vor. Die Freie Reichsstadt hatte sich einst, um die Löcher in ihrer Souveränität zu stopfen, etliche herzogliche Rechte und Besitztitel verpfänden lassen; längst hatte man sich daran gewöhnt, sie ungestört auszuüben. Im Jahr 1486 jedoch, völlig unerwartet, zahlte Herzog Albrecht IV. die ursprünglichen Pfandsummen zurück und löste die Pfänder aus. Prompt geriet Regensburg in allergrößte Verlegenheit. Wichtige Besitzungen in unmittelbarer Nähe – vor allem das am nördlichen Donauufer benachbarte, strategisch überaus bedeutsame Stadtamhof – gingen verloren; die bayerische Herrschaft rückte bis unmittelbar an die Stadtmauern heran. Mindestens ebenso bedrohlich: Das alte herzogliche Schultheißengericht, ebenfalls generationenlang verpfändet, unterstand jetzt wieder dem Herzog selbst und ermöglichte es ihm, sich direkt in die städtischen Angelegenheiten einzumischen. Seine Macht wuchs beträchtlich – und das in einem Augenblick, in dem in Regensburg angesichts all der Probleme, die man ohnehin schon hatte, hochgradige Verunsicherung herrschte.

◀ Der Dom, vom Neupfarrplatz aus gesehen, um die Mitte des 19. Jahrhunderts; Aquarell von Friedrich Eibner. Bis ins 19. Jahrhundert symbolisierte der Dom zweierlei zugleich: Seine gewaltigen Dimensionen zeugten von der Dynamik und der Leistungsfähigkeit der mittelalterlichen Groß- und Fernhandelsstadt; sein Zustand als Torso belegte die Stagnation und den Stillstand, die darauf folgten. – Regensburg, Historisches Museum.

Das war der springende Punkt: Anders als im 13. Jahrhundert, als nach der Erteilung der kaiserlichen Privilegien ja zunächst auch noch die herzoglichen Rechte fortbestanden hatten – genau die gleichen, die jetzt wiederhergestellt wurden –, fühlten sich die Bürger der Freien Reichsstadt in der Situation des Jahres 1486 nicht mehr imstande, dem damit verbundenen Druck ohne weiteres standhalten zu können. Und so trafen sie eine Entscheidung, die sie früher niemals getroffen hätten: Sie verzichteten freiwillig auf all ihre anderen Freiheitsrechte und unterstellten sich gänzlich der Herrschaft des Herzogs. Es war eine regelrechte Kapitulation, nichts anderes; die Freie Reichsstadt Regensburg, verarmt und verunsichert, gab auf. Wie im Bereich der Wirtschaft sah es auch in dem der Politik so aus, als solle sich der Kreis um die Zeiten von Regensburgs Ruhm schließen.

Jedoch: Beide beteiligte Seiten, die Stadt ebenso wie Herzog Albrecht IV., hatten die Rechnung ohne einen Dritten gemacht. „Freie Reichsstadt": Der Begriff umfasste traditionell zweierlei, die Freiheit nach innen und die Zugehörigkeit zum deutschen Reich nach außen. Mit dem einen war jetzt auch das andere zur Disposition gestellt; und deshalb erhob unverzüglich der Repräsentant des Reichs, Kaiser Friedrich III., Einspruch und verkündete, er werde nicht dulden, dass Regensburg dem Reich abhanden komme. Das war natürlich nur ein Vorwand, zumal in der Praxis – wie gesehen – der Kaiser seit 1245 in der Stadt so viel oder so wenig zu sagen gehabt hatte wie der Herzog oder der Bischof. Im Grunde ging es Friedrich III. gar nicht um Regensburg. Er war in diesen Jahren auch auf anderen Feldern in einen Konflikt mit Albrecht IV. verstrickt und wollte seinem Widersacher partout keinen Zuwachs an Macht gönnen. Regensburg war, so gesehen, nur ein Stein unter vielen auf dem Spielbrett der großen Politik. Wie auch immer: Friedrich III. verhängte sowohl über den Herzog wie über die Stadt die Reichsacht; nach einiger Zeit wurde der dadurch entstehende Druck so groß, dass er seinen Willen durchsetzen konnte. Im Jahr 1492 war es so weit: Herzog Albrecht IV. verzichtete; Regensburg wurde wieder frei.

Für das ursprüngliche Problem, dafür, wie Regensburg nach dem Verlust der bayerischen Pfänder eigenständig weiter-

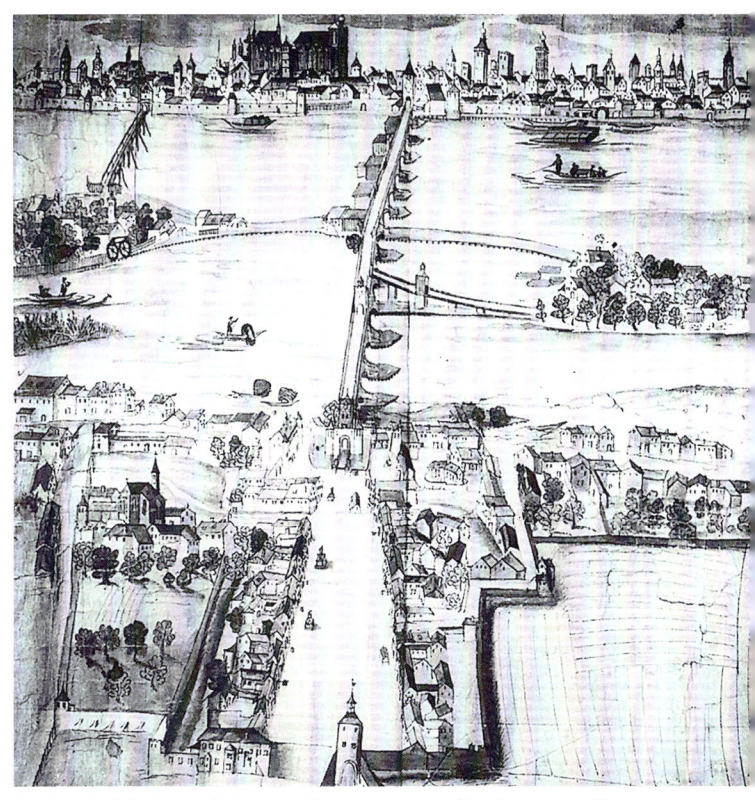

Stadtamhof, Steinerne Brücke und Regensburg von Norden; aquarellierte Federzeichnung, um 1600. Der Zeichner wählt eine außergewöhnliche Perspektive und stellt einmal nicht Regensburg, sondern Stadtamhof in den Vordergrund. Dennoch wird vor allem eins deutlich: der immense Größenunterschied, der zwischen den beiden benachbarten Städten herrschte. – München, Bayerisches Hauptstaatsarchiv.

leben sollte, fand man in der Folge eine andere Lösung. Ein Vertrag wurde geschlossen; der Herzog verzichtete auf das Schultheißengericht innerhalb Regensburgs; die Freie Reichsstadt verzichtete auf nahezu alle ihre Außenbesitzungen. Nur einen ganz schmalen Gebietsstreifen um die Stadtmauern konnte sie behaupten, den so genannten „Burgfrieden". Im Süden bestand er im Wesentlichen aus einigen unbewohnten, landwirtschaftlich genutzten Feldern und Wiesen, im Norden aus zwei Inseln inmitten der Donau, dem Oberen und dem Unteren Wöhrd. Unmittelbar jenseits des Flusses, mit der Ortschaft Stadtamhof, begann aus Regensburger Sicht bereits das Ausland. Feindliches Ausland, genauer gesagt; denn das neue Nebeneinander der beiden Parteien gestaltete sich ebenso distanziert wie das alte. Der Herzog von Bayern akzeptierte Regensburgs wiedererlangte Freiheit weniger denn je; die Politik der Nadelstiche und Schika-

„ÜBER DIE DONAU HEIRATET MAN NICHT"

Die Konfrontation von Bayern und Regensburg nahm teilweise geradezu groteske Züge an. Ein Beispiel von vielen (die entsprechenden Geschichten haben allesamt einen festen Stammplatz im reichhaltigen Regensburger Anekdotenschatz): Als die Freie Reichsstadt im 18. Jahrhundert zu Verschönerungszwecken eine Reihe von Bäumen auf dem Alten Kornmarkt setzen ließ, reagierte der Herzog sofort. Um einmal mehr unter Beweis zu stellen, dass der Alte Kornmarkt mit der dortigen ehemaligen Pfalzanlage, auch wenn diese längst verwaist war, ihm gehöre und sonst niemand, entsandte er einen Bediensteten nach Regensburg; der fällte die Bäume – und pflanzte unverzüglich neue: herzogliche Bäume diesmal. – Ganz ernsthaft machte sich die Gegnerschaft dort bemerkbar, wo man sich räumlich besonders nahe kam, nämlich an der Donau und dem Donauübergang in Gestalt der Steinernen Brücke. Das jenseits der Brücke gelegene Stadtamhof wurde vom Herzog 1496 zu einer eigenen Stadt erhoben; damit schuf er der Freien Reichsstadt nicht nur weitere wirtschaftliche Konkurrenz, sondern provozierte sie auch ganz bewusst. Das Wappen der neuen Stadt sprach diesbezüglich eine deutliche Sprache: Es enthielt das gleiche Symbol wie das von Regensburg, den Schlüssel, allerdings nicht zweifach, sondern gleich dreifach, also in gesteigerter Form. Die Bewohner der beiden Städte übernahmen im Lauf der Zeit die Abneigung ihrer Oberen und waren sich demgemäß in herzlicher Feindschaft zugetan. Manche sagen: bis heute; aber das ist natürlich grob übertrieben! Wobei: Den deftigen Spruch: „Über die Donau heiratet man nicht!" hört man schon noch mitunter …

Wappen der Stadt Stadtamhof; Abdruck eines Holzstocks von Philipp Apian, 1568.

nen, der überhöhten Zölle und bewusst geschaffenen Konkurrenz ging unvermindert weiter. Mit dem einzigen Unterschied, dass die Position des Herzogs wesentlich gestärkt und die der Freien Reichsstadt wesentlich geschwächt war.

Alles wie gehabt, könnte man also sagen; doch das wäre nur eine sehr oberflächliche Betrachtungsweise. Bei näherem Hinsehen wird schnell deutlich, dass die Dinge sich grundlegend verändert hatten. Eine geschwächte Stadt, ein gestärkter Herzog: Das war das eine. Das andere war die Absurdität der ganzen Situation: Regensburg war ja zur Freiheit regelrecht zurückgezwungen worden. Wie viel oder wie wenig diese Zwangsfreiheit tatsächlich wert war, kann man sich denken: Ihr fehlten sämtliche tragenden Fundamente, auf denen sie früher geruht hatte. Der wirtschaftliche Erfolg der Bürgerschaft war schon seit langem verschwunden; jetzt verschwanden auch noch ihr Stolz und ihr Selbstbewusstsein, das, was sie einst veranlasst hatte, überhaupt frei sein zu wollen. Aus eigenen Kräften konnte sie ihre Freiheit nicht mehr behaupten; von nun an war sie in allem angewiesen auf den, der allein sie gegenüber den Ansprüchen Dritter, des Herzogs von Bayern zumal, in Schutz nahm, auf den Kaiser. Er war wieder, wie zeitweise schon im Mittelalter, der eigentliche Stadtherr von

Regensburg. „Freie Reichsstadt": Die Bezeichnung wurde zwar auch weiterhin verwendet; im Grunde war sie aber nur noch eine leere Worthülle. Richtiger, näher am wahren Sachverhalt wäre es, von der „Stadt des Kaisers" oder besser von der „Stadt des Reichs" zu sprechen.

Der Kaiser mischte sich in der Folgezeit auch ganz direkt und unverhüllt in die inneren Angelegenheiten Regensburgs ein. Sein Ansatzpunkt: Die Spannungen, die seit längerem zwischen Patriziern und Nicht-Patriziern, Bürgern und Nicht-Bürgern, Oberschicht und Unterschicht bestanden, waren nicht geringer geworden, im Gegenteil. Zusammen mit Herzog Albrecht IV. hatten viele altansässige Patrizierfamilien die Stadt verlassen; sie hatten große Hoffnungen in ihn gesetzt und waren schwer enttäuscht worden. Die traditionelle Führungsschicht wurde durch diesen Auszug nachhaltig geschwächt; Gruppen, die bisher vom Stadtregiment ausgeschlossen waren, drängten nach oben. Der Kaiser, inzwischen nicht mehr Friedrich III., sondern sein Sohn Maximilian, bemühte sich nach Kräften, die Verhältnisse zu stabilisieren. Im Jahr 1499 unterstellte er Regensburg vorübergehend der Herrschaft eines Reichshauptmanns; kurz darauf verkündete er höchstpersönlich eine neue Verfassung, die „Regimentsordnung". In ihr wurde die Position des Äußeren Rats und der Gemeinde gestärkt; so sollten die alte Exklusivität der Patrizier beseitigt und weitere Kreise der Bevölkerung als bisher ins politische Geschehen einbezogen werden. Jedoch: Der Versuch misslang. Bald schon zog der Innere Rat wieder mehr und mehr Befugnisse an sich; und aus ihm heraus entstand sogar – informell, aber sehr wirksam – ein noch kleineres Gremium, der „Geheime Rat". Er wuchs rasch zum eigentlichen Entscheidungsorgan, zur politischen Schaltstelle der Freien Reichsstadt heran. Eine neue Führungsschicht formierte sich, ähnlich der alten. Nur dass die Patrizier jetzt nicht mehr Großkaufleute waren; sie rekrutierten sich vielmehr aus den Kreisen von Verwaltung und Beamtenschaft der Freien Reichsstadt.

Denen, die neuerlich von Mitsprache und Mitwirkung ausgeschlossen wurden, dürfte dieser Unterschied allerdings ziemlich egal gewesen sein. Bei ihnen, in der Unterschicht,

Das Gute Regiment; Gemälde von Isaak Schwendtner 1592. Das Bild befindet sich noch heute in dem Raum, für den es seinerzeit angefertigt wurde: in der ehemaligen Ratsstube des Alten Rathauses, also dort, wo die versammelten Ratsherren über Wohl und Wehe der Freien Reichsstadt Regensburg entschieden. Seine Botschaft ist eindeutig: In einer Allegorie stehen fünf Frauen für die Tugenden, nach denen eine Stadt idealtypisch zu regieren sei – Weisheit, Gerechtigkeit, Fürsorglichkeit –, und für die Konsequenzen, die sich bei Anwendung dieser Tugenden ergeben, nämlich Friede nach außen und Wohlstand nach innen. Die Stadtansicht im Hintergrund zeigt Regensburg, wie es um 1592 aussah; außerdem sind im Rahmen die Namen und Wappen der aktuell im Stadtrat vertretenen Ratsherren aufgeführt. So wird der Bezug zu Regensburg für jedermann augenfällig. – Regensburg, Reichstagsmuseum.

aber auch im Mittelstand, gärte die Unzufriedenheit weiter. Verschiedene Umsturzversuche wurden angezettelt; sie blieben ohne Erfolg. Die Obrigkeit bemühte sich – ein probates Mittel – die Missstimmung zu kanalisieren und in eine andere

VERTREIBUNG DER JUDEN

Das antijüdische Pogrom von 1519 wirkt auf den ersten Blick wie ein spontaner Ausbruch des Volkszorns – genau dieser Eindruck war von den Verantwortlichen beabsichtigt. Bei näherer Betrachtung zeigt sich jedoch, dass man durchaus planvoll vorging und nichts dem Zufall überließ. Schon über Jahre und Jahrzehnte hinweg, vor dem Hintergrund der allgemeinen wirtschaftlichen Misere, war der Antisemitismus bewusst und mit langem Atem angefacht worden, nicht zuletzt von der Kirche; ihr Domprediger Balthasar Hubmaier hat sich dabei in besonderem Maße traurigen Ruhm erworben. Den konkreten Anlass für das Pogrom lieferte dann ein Ereignis, das sich fern von Regensburg zutrug: Am 11. Januar 1519 starb in Wels in Oberösterreich Kaiser Maximilian. Jetzt galt es rasch zu handeln und Tatsachen zu schaffen. Denn: Der Kaiser war im deutschen Reich traditionell der Schutzherr der Juden; solange das Amt bis zur Wahl eines Nachfolgers unbesetzt blieb, drohte von dieser Seite keine Gefahr. Am 21. Februar 1519 beschloss der Rat der Stadt, dass man die Juden nicht länger dulden wolle und dass sie binnen weniger Tage zu verschwinden hätten. 40 Familien, insgesamt etwa 500 Personen, mussten Regensburg verlassen, ohne Hab und Gut, mit kleinen Kindern, im tiefsten Winter bei Kälte und Schnee. Ihr Wohnviertel wurde dem Erdboden gleichgemacht; eine Freifläche entstand, der spätere Neupfarrplatz. Bei der Synagoge, dem Herz des Viertels, dauerte das Werk der Zerstörung ein wenig länger. Der berühmte Maler Albrecht Altdorfer, Mitglied des Rats, hatte um ein Paar Tage Aufschub gebeten; er wollte noch schnell einige Stiche vom Inneren des Gebäudes anfertigen, zur Erinnerung für die Nachwelt. Eine subtile Geste heimlichen Protests? Wohl eher nicht! Einer der Skizzen hat Altdorfer einen kurzer Text beigefügt, mit den lakonischen Worten, die Zerstörung der Synagoge sei erfolgt „iusto Dei iudicio", das ist: „auf Gottes gerechtes Urteil".

Mittelalterliche Synagoge, Inneres; Radierung von Albrecht Altdorfer, Regensburg 1519. Die in den Jahren 1995 bis 1997 im Bereich des ehemaligen jüdischen Viertels getätigten Grabungen haben die Authentizität und den dokumentarischen Charakter der Radierung nachgewiesen. Der Bau, in gotischem Stil gehalten, stammt aus der Zeit um 1220; er ersetzte einen älteren, romanischen Vorgängerbau aus dem 11. Jahrhundert. – Regensburg, Historisches Museum.

Richtung zu lenken; auf der Suche nach einem potenziellen Sündenbock stieß man auf eine in solchen Konstellationen immer und überall besonders gefährdete Gruppe: die ortsansässigen Juden. Über Jahrhunderte hinweg hatten sie weitgehend unbehelligt in der Stadt gelebt; damit war es jetzt vorbei: In einem großen Pogrom wurden sie 1519 vertrieben, ihre Wohnhäuser und ihre Synagoge zerstört, ihr Besitz beschlagnahmt. Nach dem wirtschaftlichen und dem politischen hatte Regensburg auch einen moralischen Tiefpunkt erreicht.

Erst im weiteren Verlauf des 16. Jahrhunderts beruhigten und stabilisierten sich die Verhältnisse in Regensburg allmählich wieder. Das Bild der Stadt hatte sich bis dahin jedoch grundlegend gewandelt. Aller Glanz war verschwunden, alle Sonderrollen ausgespielt. Die Freiheit war vertan: Von außen drohte der Herzog von Bayern, im Inneren hatte der Kaiser das Sagen. Regensburg konnte kaum mehr als „Freie Reichsstadt", sondern musste als „Stadt des Reichs" gelten. Dies übrigens nicht nur wegen der dominierenden Position, die der Kaiser einnahm, sondern auch noch in anderer Hinsicht. Neben dem Machtbereich der Freien Reichsstadt bestanden ja weiterhin die der übrigen Herrschaftsträger, des Bischofs im Bereich von Dom und Bischofshof, des Herzogs am Alten Kornmarkt sowie der drei selbstständigen Klöster St. Emmeram, Niedermünster und Obermünster – ein richtiger Flickenteppich. Im Kleinen, mit seiner durchlöcherten Souveränität und seinen begrenzten Möglichkeiten, bot Regensburg damit das gleiche Bild wie das deutsche Reich – das „Heilige Römische Reich Deutscher Nation" – im Großen, wo sich in verwirrender Vielfalt Dutzende, ja Hunderte von Obrigkeiten und Machtbereichen überschnitten, durchdrangen und oft genug auch lähmten. Regensburg war gewissermaßen das Spiegelbild dieses Reichs – und sollte es künftig in noch größerem Maß werden.

Reformation

Regensburg spiegelte die Verhältnisse im Reich: Diese charakteristische Eigenschaft der Stadt erhielt bald eine neue, zusätzliche Dimension. Im Jahr 1517 veröffentlichte Martin Luther seine Thesen zur Erneuerung der Kirche; die Reformation begann; sie spaltete die ganze Christenheit in Anhänger eines alten und Anhänger eines neuen Glaubens, in Katholiken und Protestanten. Der Riss ging bald auch mitten durch Regensburg.

Wallfahrt zur „Schönen Maria"; Holzstich von Michael Ostendorfer, Regensburg 1519. Der Stich zeigt zum einen das Aussehen der (für sich genommen eher klein und provisorisch wirkenden) Wallfahrtskirche samt der davor stehenden Marienstatue; er zeigt aber auch – und das in besonders eindrucksvoller Weise – den massenhaften Zustrom der Menschen und ihre extatische, ja hysterische Verzückung. Im Hintergrund sind übrigens noch Überreste zerstörter Häuser vom ehemaligen jüdischen Viertel zu erkennen. – Regensburg, Historisches Museum.

Das Gedankengut Luthers tauchte hier sehr frühzeitig auf, schon 1523; wie überall verbreitete es sich in Windeseile. Der Ausgangspunkt war denkbar günstig; denn just zu dieser Zeit manifestierten sich in der Stadt, für jedermann sichtbar, besonders krasse Auswüchse des alten Kirchenwesens. Nach der Vertreibung der Juden, gewissermaßen um den Sieg des „wahren" über den „falschen" Glauben zu feiern, war an der Stelle der zerstörten Synagoge eine Wallfahrtskapelle errichtet worden; hierher, zur „Schönen Maria von Regensburg", pilgerten bald Abertausende. Die Stadt war dem Ansturm kaum gewachsen; Szenen von regelrechter Massenhysterie spielten sich ab; es gab Krankenheilungen und andere Wunder am laufenden Band – oder jedenfalls waren davon die fantastischsten Gerüchte im Umlauf. Das Treiben in all seiner Äußerlichkeit stieß viele bald im gleichen Maß ab, wie es sie anfangs fasziniert hatte; so tat die Reformation, die exakt derartige Missstände anprangerte, sich relativ leicht, Fuß zu fassen und Anhänger zu gewinnen. Es dauerte nicht lang, und Regensburg war eine in weiten Teilen protestantische Stadt geworden.

Dies galt für ihre Einwohner; es galt aber zunächst noch nicht für den offiziellen, amtlichen Bereich, für die Verwaltung und die Obrigkeit der Freien Reichsstadt. Sie tat sich mit der Reformation wesentlich schwerer und zögerte lange, bis sie eine Entscheidung traf. Der Grund liegt auf der Hand: Hier ging es nicht nur um den Glauben, sondern vor allem um Politik; hier waren allerlei Rücksichten zu nehmen. Das Hauptproblem bestand darin, dass Regensburgs Schutzherr, der Kaiser, katholisch war und blieb; gegen seinen ausdrücklichen Willen konnte man schwerlich etwas unternehmen. Außerdem: Der Herzog von Bayern, dessen Macht Regensburg rings umschloss, hielt ebenfalls am alten Glauben fest; er durfte keinesfalls provoziert werden. Und drittens: Die durchlöcherte Souveränität der Freien Reichsstadt verhinderte, dass sie für alle, die in Regensburg ansässig waren, handeln konnte, insbesondere nicht für den Bischof, der in der Frage des Glaubens ein gewichtiges Wort mitzureden hatte. Von vornherein war somit klar, dass jede politische Entscheidung, die die Freie Reichsstadt zur Frage der Reformation traf, nicht unumstritten bleiben würde.

REGENSBURGER RELIGIONSGESPRÄCH
Den letzten Anstoß für die Entscheidung von 1542 gab ein Ereignis des vorausgegangenen Jahres, das berühmte Regensburger Religionsgespräch. Auf Anregung Kaiser Karls V. trafen sich damals hochkarätige Theologen der katholischen wie der protestantischen Seite – Sprecher der einen war Johann Eck, Sprecher der anderen Luthers Schüler Philipp Melanchthon – und versuchten in durchaus ernsthaftem Bemühen, den zwischen den Parteien rasch tiefer werdenden Graben, bevor es endgültig zu spät war, doch noch zu überbrücken. Wochenlang disputierten und diskutierten sie in den Räumlichkeiten der städtischen „Neuen Waag" am Haidplatz; es ging um die Rechtfertigung des sündhaften Menschen, um das Wesen der Kirche und die Rolle des Papstes in ihr, um das Geheimnis der Transsubstantiation, der Wandlung beim Abendmahl und vieles mehr – alles Fragen, die auf den Nägeln brannten und über die man in heftigster Fehde lag. Der Kaiser, persönlich in Regensburg anwesend, wartete dringend auf ein Ergebnis, aber umsonst: Nach gewissen Anfangserfolgen begann der Prozess der Verständigung zu stocken; schließlich scheiterte er ganz. Dem Kaiser blieb nichts übrig als den einzelnen Gliedern des Reichs vorerst freizustellen, für welche Seite sie sich entscheiden wollten. Das war die Gelegenheit, auf die die Freie Reichsstadt Regensburg lange gewartet hatte.

Im Jahr 1542 war es dann aber doch so weit: Der Protestantismus hatte im deutschen Reich auch auf politischer Ebene große Fortschritte gemacht; jetzt wagte der Rat von Regensburg den entscheidenden Schritt. Mit Verweis auf den Wunsch der großen Mehrheit der Bürger beschloss er, den neuen Glauben offiziell einzuführen. Am 15. Oktober fand der erste öffentliche Gottesdienst nach protestantischem Ritus statt. Als Veranstaltungsort wählte man die Neupfarrkirche, die kurz zuvor anstelle der nicht mehr benötigten Wallfahrtskapelle zur „Schönen Maria" errichtet worden war; sie war die einzige Kirche in der ganzen Stadt, über die der Rat selbst – und nicht der Bischof – frei verfügen konnte.

Es dauerte allerdings noch einige Zeit, bis die neuen Verhältnisse sich festigten. Im deutschen Reich brach ein Religionskrieg aus; Regensburg hielt sich zwar abseits; doch je nachdem, wie in der Ferne das Kriegsglück schwankte, gewann auch hier einmal die eine und ein anderes Mal die andere Partei die Oberhand. Erst nach Kriegsende konnte der Rat der Stadt in Gestalt der „Kirchenregimentsordnung" von 1556 die Dinge definitiv regeln und auf Dauer eine protestantische Kirchenorganisation etablieren. Und selbst dann verging noch einmal ein komplettes Jahrhundert, bis man die letzte Konsequenz zog: 1651 bestimmte der Rat, dass in Zukunft das Bürgerrecht nur noch an Protestanten verliehen werden dürfe. Von nun an galt die Freie Reichsstadt Regensburg als „pur evangelisch".

Wohlgemerkt: Die Freie Reichsstadt war „pur evangelisch", nicht etwa Regensburg als Ganzes. Der Rat hatte sich für den Protestantismus entschieden; doch seine durchlöcherte Souveränität hinderte ihn daran, diese Entscheidung allen Menschen, die vor Ort lebten, verbindlich vorzuschreiben. Diejenigen, die nicht seiner Obrigkeit unterstanden, sondern der des Herzogs von Bayern, des Bischofs und der drei selbstständigen Klöster, blieben davon völlig unberührt, das heißt: Sie blieben katholisch. Es war eine geradezu paradoxe Situation: Im „pur evangelischen" Regensburg gab es auch weiterhin jede Menge Katholiken. Ihr Anteil dürfte etwa die Hälfte der Einwohnerschaft, eher mehr als weniger, ausgemacht haben.

Die Grenzen, die durch geltendes Recht gezogen waren, wurden dabei – im Gegensatz zu manchen anderen Städten – strikt eingehalten. Die Freie Reichsstadt hatte keine Wahl: Nicht nur ihr Recht war ja beschränkt, sondern auch ihre Macht und ihre Möglichkeiten waren es. Von außen beobachteten der katholische Kaiser und der katholische Herzog von Bayern argwöhnisch jeden Schritt, den sie unternahm, der eine als Schutzherr, der andere als Rivale, beide allzeit bereit, sich beim geringsten Anlass sofort in Regensburgs innere Angelegenheiten einzumischen. Und mitten in der Stadt saß der katholische Bischof, mit dem festen Vorsatz, bei erster Gelegenheit seinen Glaubensgenossen genau dazu den Vorwand zu liefern. Entsprechend vorsichtig und streng legal musste der Rat vorgehen: Keinerlei katholischer Kirchenbesitz wurde angetastet. Kein Kloster wurde aufgelöst. Keine katholische

Kirche wurde umgenutzt. Die Protestanten beschränkten sich auf die Kirchen, über die die Freie Reichsstadt unbestritten verfügen konnte, auf die Neupfarrkirche sowie auf zwei ehemalige Stiftskirchen, St. Ignaz und St. Oswald; und weil diese auf Dauer nicht ausreichten, errichtete man im 17. Jahrhundert trotz wirtschaftlicher Probleme einen kompletten Neubau, die Dreieinigkeitskirche. In Regensburg – das war das Ergebnis – gab es schließlich auf engstem Raum zwei vollständig ausgeformte Kirchenorganisationen, eine katholische und eine protestantische; die eine unterstand dem Bischof, die andere – einer Idee Luthers folgend, der angeregt hatte, die Aufsicht über die Kirche der weltlichen Obrigkeit zu übertragen – der Freien Reichsstadt. In die Zuständigkeit der Kirche fiel nach damaligem Verständnis nicht nur der jeweilige Klerus, sondern auch das Schulwesen und zahlreiche soziale Einrichtungen: Alles dies existierte folglich in doppelter Form, in gegenseitiger Abgrenzung, in Konkurrenz. Das alltägliche Leben wurde dadurch nicht gerade vereinfacht; Fälle, in denen das Nebeneinander anspornend und befruchtend wirkte, blieben eher die Ausnahme als die Regel.

Die Dinge spitzten sich für das protestantische Regensburg noch einmal zu, als auf die Epoche der Reformation die der Gegenreformation folgte. Allenthalben erstarkte am Ende des 16. und zu Beginn des 17. Jahrhunderts die katholische Partei zu neuem Selbstbewusstsein und zu neuer Kraft; sich dagegen zu behaupten fiel der Freien Reichsstadt angesichts der komplizierten Bedingungen, in denen sie lebte, besonders schwer. Planmäßig förderten sowohl der Kaiser als auch der Herzog von Bayern die katholische Sache: Sie beriefen zusätzliche geistliche Orden – die Jesuiten, die Kapuziner, die Karmeliten – und halfen ihnen dabei, mitten in Regensburg neue Klöster zu gründen, auf Grund und Boden, der dem Bischof oder anderen bereits bestehenden katholischen Einrichtungen gehörte; dagegen war die Freie Reichsstadt machtlos.

Gleichzeitig strömten, von auswärts kommend, scharenweise protestantische Glaubensflüchtlinge, so genannte Exulanten, in die Stadt. In Böhmen und Österreich waren sie eine Zeit lang von der jeweiligen katholischen Obrigkeit geduldet wor-

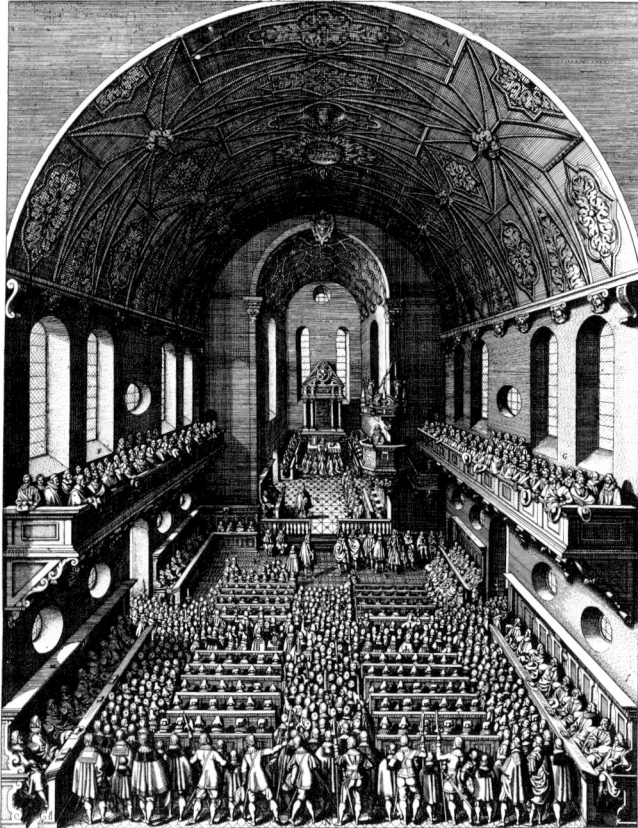

Feierliche Einweihung der Dreieinigkeitskirche 1631; zeitgenössischer Kupferstich von Matthäus Merian. Der Innenraum lässt auf den ersten Blick erkennen, dass es sich um eine protestantische Kirche handelt: Es fehlen die klassische Einteilung in mehrere durch Säulenreihen voneinander abgetrennte Schiffe sowie die Nischen mit Seitenaltären zur Heiligenverehrung; der ganze Raum wirkt wie eine große Versammlungshalle, in der Emporen für noch mehr Sitzplätze sorgen. Die Kirche als Ort für die Zusammenkunft der Gemeinde zwecks Verkündigung des Wortes Gottes: Dieses fundamentale Prinzip des protestantischen Gottesdienstes kommt in der Architektur der Dreieinigkeitskirche mustergültig zum Ausdruck.

JOHANNES KEPLER – EIN REGENSBURGER?
Unter den zahlreichen aus Linz vertriebenen Exulanten, die 1626 nach Regensburg kamen, befand sich eine der bedeutendsten geistigen Größen ihrer Zeit: der Mathematiker und Astronom Johannes Kepler. Im Lauf seines bewegten Lebens hatte er schon früher mehrfach besuchsweise in der Stadt geweilt und Gelegenheit gehabt, persönliche Kontakte zu knüpfen; auf sie konnte er jetzt zurückgreifen. Zusammen mit seiner Familie fand er Aufnahme bei dem Schneidermeister Hans Haller in der Donaustraße, der heutigen Keplerstraße. Für jemand wie Kepler gab es in Regensburg jedoch keinerlei Aussicht auf Arbeit und Broterwerb; er musste sich notgedrungen anderweitig umsehen. Zwei Jahre lang reiste er kreuz und quer durch das deutsche Reich; die Familie, seine Frau mit mehreren kleinen Kindern, blieb derweilen in der Stadt. Schließlich fand er einen neuen Arbeitgeber, den kaiserlichen General Albrecht von Wallenstein; er kehrte nach Regensburg zurück, holte die Familie ab und übersiedelte mit ihr nach Schlesien, in Wallensteins Residenzstadt Sagan. Wiederum zwei Jahre später führte ihn eine Dienstreise erneut nach Regensburg. Doch kaum hatte er sich bei einem seiner Bekannten einquartiert, diesmal dem Kaufmann Hildebrand Billi, der ebenfalls in der Donaustraße wohnte, wurde er schwer krank. Er starb am 15. November 1630 und wurde zwei Tage später auf dem evangelischen Petersfriedhof feierlich und unter großer Anteilnahme beigesetzt. – Das Haus der Familie Haller (heute: Keplerstraße 2) ist nach wie vor ein Wohnhaus, das der Familie Billi, in dem Kepler gestorben ist (heute: Keplerstraße 5), beherbergt ein Museum über Leben und Werk des Astronomen. Der Friedhof, südlich außerhalb der einstigen Stadtmauern gelegen, ist längst aufgelassen und in einen Park umgewandelt; an Keplers Begräbnis erinnert dort ein Denkmal, das ihm zu Ehren errichtet wurde.

den; jetzt wurden sie rücksichtslos ausgewiesen. Notgedrungen mussten sie sich nach einer neuen Bleibe umsehen; viele von ihnen wandten sich nach Regensburg, dem einzig sicheren protestantischen Ort, der in der Nähe lag. Die Exulanten und ihr massenhafter Zuzug stellten die Freie Reichsstadt anfangs vor erhebliche Probleme; bald jedoch, erstaunlich schnell, schaffte man es, sie zu integrieren. Auf lange Sicht bereicherten sie geradezu die städtische Gesellschaft; einige der führenden Repräsentanten Regensburgs im 17. und 18. Jahrhundert stammten aus Exulantenfamilien.

Die Zeit der Gegenreformation mündete schließlich in den Dreißigjährigen Krieg. Mit allen seinen Schrecken ging er auch an Regensburg nicht spurlos vorüber: Zweimal wurde die Stadt belagert und erobert, 1633 von der schwedischen, 1634 von der kaiserlichen Armee. Beträchtliche Schäden waren zu verzeichnen – zum Glück weniger verheerend als andernorts. Das Ergebnis des Kriegs, festgehalten im Westfälischen Frieden von 1648, war dasselbe im Großen wie im Kleinen, im deutschen Reich wie in Regensburg: Alles, fast alles, blieb beim Alten. Keine Partei hatte die andere überwunden; beide waren künftig zur Koexistenz gezwungen. Im Reich musste man sich daran erst gewöhnen; in Regensburg dagegen hatte man schon eine gewisse Übung. Politisches Nebeneinander, konfessionelles Nebeneinander: Die Stadt war und blieb und wurde immer mehr ein getreues Spiegelbild des Reichs, dem sie zugehörte.

Immerwährender Reichstag

Während Reformation und Gegenreformation war Regensburg noch mehr als zuvor eine „Stadt des Reichs" geworden, die im Kleinen abbildete, wie die Verhältnisse sich im Großen gestalteten. Ihren wahrhaften Höhepunkt sollte diese Entwicklung allerdings erst nach dem Ende des Dreißigjährigen Kriegs erreichen. Für annähernd hundertfünfzig Jahre wurde Regensburg ein Ort, in dem das Heilige Römische Reich Deutscher Nation samt seinen komplexen und komplizierten Strukturen sich nicht nur spiegelte, sondern in dem es sich geradezu verkörperte. Der Grund: In Regensburg machte sich eine der wichtigsten Institutionen des Reichs ansässig, der „Immerwährende Reichstag".

Die Einrichtung des Reichstags war uralt. Seit der Gründung des deutschen Reichs wirkten in ihm, manchmal in Kooperation, manchmal in Konfrontation, zwei Parteien zusammen. Es gab, bildlich gesprochen, ein Haupt und es gab Glieder; das Haupt wurde verkörpert durch den König und Kaiser, die Glieder durch die Fürsten, später auch durch die Freien Reichsstädte. Von Zeit zu Zeit, je nach Bedarf, setzte man sich zusammen, beriet sich und fasste gemeinsame Beschlüsse: Das war der Reichstag. Je mehr – einer allgemeinen Tendenz in der Entwicklungsgeschichte des Reichs folgend – die Macht des Kaisers verfiel, je mehr die seiner Gegenspieler wuchs, desto wichtiger wurde es, sich derart untereinander abzusprechen, Verhandlungen zu führen, Kompromisse zu suchen und zu finden. Die logische Konsequenz: Die Reichstage fanden häufiger statt, und sie dauerten länger. Eine bestimmte Verfahrensweise bürgerte sich ein sowie eine klare Definition, wer teilnehmen durfte und wer nicht. Der Reichstag wurde zur Institution.

Wo die einzelnen Reichstage sich versammelten, darüber hatte der Kaiser zu bestimmen. Bei seiner Entscheidung war er nur an zwei Bedingungen gebunden: Aus praktischen Gründen, damit alle Teilnehmer standesgemäß untergebracht werden konnten, musste der jeweilige Ort eine gewisse Größe haben. Und aus politischen Gründen musste er eine Freie Reichsstadt sein, neutrales Gebiet sozusagen; denn im Machtbereich eines Fürsten wären dessen Kollegen, eifersüchtig wie sie aufeinander waren, möglicherweise erst gar nicht erschienen. Die Freie Reichsstadt Regensburg erfüllte beide Kriterien; so hatte auch sie von Zeit zu Zeit die Ehre, einen Reichstag ausrichten zu dürfen. Im Verlauf des 16. Jahrhunderts wurde ihr diese Auszeichnung immer öfter zuteil: Der Kaiser verfiel zunehmend häufig und bald ausschließlich auf Regensburg als Tagungsort. Das war kein Zufall; das hatte durchaus Methode. Jeder einzelne Reichstag machte nämlich klar und deutlich, dass Regensburg zum Reich gehörte; jeder war somit eine unmissverständliche symbolische Geste, gerichtet insbesondere an den Herzog von Bayern, der eben diese Zugehörigkeit nach wie vor bestritt. Und außerdem: In der Stadt gab es, jeweils voll ausgebildet, ein katholisches und ein protestantisches Kirchenwesen; wer zum Reichstag hierher kam und fern der Heimat dennoch unter seinesgleichen bleiben wollte, konnte

WIE DER REICHSTAG FUNKTIONIERTE ...

Dass die Reichstage im Lauf der Zeit länger und länger dauerten und schließlich in einen mündeten, der immer währte, hängt auch und vor allem mit der Verfahrensweise zusammen, die so kompliziert und schleppend war wie alles, was im Reich vor sich ging. Zunächst wurde ein Thema, wenn seine Beratung anstand, vor dem versammelten Reichstag verlesen. Dann trat erst einmal eine längere Pause ein; die Gesandten – denn natürlich waren beim Immerwährenden Reichstag weder der Kaiser noch die Fürsten persönlich anwesend, sondern ließen sich vertreten – mussten zunächst von zu Hause ihre Instruktionen einholen; das konnte durchaus eine Weile dauern. Anschließend, mitunter erst nach mehreren Wochen und Monaten, begannen die Beratungen – allerdings nicht im Plenum des Reichstags, sondern in drei voneinander getrennt agierenden Räten, dem der Kurfürsten, dem der Fürsten und dem der Freien Reichsstädte. In jedem Rat galt das Prinzip der Einstimmigkeit, das heißt: ein Ergebnis kam nur zustande, wenn sieben (später neun) kurfürstliche, 100 fürstliche und 50 reichsstädtische Voten jeweils auf einen Nenner gebracht wurden.

Damit aber nicht genug: War man sich innerhalb der Räte einig, ging es im nächsten Schritt darum, sich zwischen den Räten abzustimmen. Und selbst dann war der Prozess noch nicht abgeschlossen: Eine gefasste Stellungnahme des Reichstags blieb so lange völlig unverbindlich, bis auch der Kaiser ihr zugestimmt hatte; dann erst wurde aus einem „Reichsgutachten" ein „Reichsschluss" mit offiziellem Charakter. Stimmte er nicht zu, wurde der Vorgang an den Reichstag zurückverwiesen, und die Beratungen in den Räten und zwischen den Räten begannen von vorn. Das nannte man die „Duplik", den zweiten Durchgang sozusagen. Doch auch dieser musste nicht zwangsläufig von Erfolg gekrönt sein: Ihm folgte nicht selten eine „Triplik", eine „Quadruplik", eine „Quintuplik" und so weiter und so fort.

Wie man sich bei einem solchen Procedere unschwer denken kann, blieb die Anzahl der tatsächlich gefassten Reichsschlüsse in den knapp 150 Jahren des Immerwährenden Reichstags durchaus übersichtlich ...

Der Reichssaal im Alten Rathaus von Regensburg. Ursprünglich, im Mittelalter, war der Saal für Empfänge, Festlichkeiten und Tanzveranstaltungen der Freien Reichsstadt konzipiert worden – deshalb seine für die damalige Zeit ungewöhnliche Weitläufigkeit. Erst im Zusammenhang mit der dauerhaften Anwesenheit des Immerwährenden Reichstags wurden feste Sitzbänke eingebaut. Die Sitzordnung ist – in rekonstruierter Form – bis heute erhalten geblieben; sie zeigt sehr anschaulich den unterschiedlichen protokollarischen Rang der kurfürstlichen, fürstlichen und städtischen Gesandten, die gemeinsam das Plenum des Reichstags bildeten.

sich diesbezüglich wie zu Hause fühlen – ganz gleich, zu welcher Konfession er sich bekannte.

Ganz allmählich wuchs Regensburg eine neue Rolle zu; die Freie Reichsstadt, die „Stadt des Reichs" wurde zur Stadt der Reichstage. Der letzte Schritt: Der Reichstag, der im Jahr 1663 berufen wurde, wiederum nach Regensburg, ging aus vielfältigen politischen Gründen – man könnte auch sagen: mehr oder weniger per Zufall – nicht mehr auseinander, sondern verewigte sich, wurde, in der Sprache der Zeit, „immerwährend". Von nun an war Regensburg – konkret: das Alte Rathaus der Stadt – ständiger Tagungsort einer der zentralen Einrichtungen des Heiligen Römischen Reichs Deutscher Nation.

Für Regensburg war die Anwesenheit des Reichstags ein ausgesprochener Glücksfall. Aus eigenen Kräften hatte die Stadt schon seit Langem nicht mehr viel zuwege gebracht; umso behaglicher sonnte sie sich jetzt im Glanz, der von außen auf sie strahlte. Jedes Mal, wenn ein Reichstag zusammentrat, war die große Welt in Regensburg zu Gast; feierliche, prunkvolle Einzüge der Prominenz des Reichs waren zu bestaunen; es gab große Empfänge und aufwändige Festlichkeiten am laufenden Band. Und auch als der Reichstag zur Dauereinrichtung wurde, änderte sich nichts Grundlegendes: Jetzt waren zwar statt des Kaisers und der Fürsten nur noch deren Gesandte hier; doch sie hatten allesamt den offiziellen Auftrag, ihre jeweiligen Herren nicht nur diplomatisch, sondern auch protokollarisch gebührend zu vertreten; das eine war so wichtig wie das andere. Die Folge: Höfisches Leben zog in Regensburg ein, diesmal auf Dauer. Theater- und Konzertaufführungen, Maskenbälle, Feuerwerke, Diners bis in den frühen Morgen: Die Menschen bekamen täglich aufs Neue lauter Dinge vorgeführt, die in der bürgerlich-nüchternen Atmosphäre der protestantischen Freien Reichsstadt bisher – gelinde gesagt – eher unüblich gewesen waren. Und alles immer gleich im Übermaß; schließlich fiel der Immerwährende Reichstag mit der Zeit von Barock und Rokoko zusammen, einer Epoche, in der jeder, der auf sich hielt, allerhöchsten Wert auf Zeremoniell, Repräsentation und glanzvolle Selbstdarstellung legte. Dieser ganze Lebensstil, entwickelt in den fürstlichen Residenzstädten, zur Vollendung gebracht am Hof des französischen Königs in Versailles, kam mit dem Reichstag auch nach Regensburg.

Selbstverständlich betrieben nicht alle annähernd 160 Fürsten und Freien Reichsstädte, die zur Teilnahme am Reichstag berechtigt waren, den gleichen Aufwand. Nur etwa 70 von ihnen hatten überhaupt Gesandte in Regensburg; die anderen blieben mangels Interesse fern oder nutzten aus Kostengründen oder aus Opportunität die Möglichkeit der Stimmrechtsübertragung. Von den 70 Anwesenden traten die Gesandten der Freien Reichsstädte, allesamt Bürgerliche, und die der kleinen, weniger bedeutenden Fürsten relativ bescheiden auf; sie hatten meist nur ein, zwei Begleiter als Sekretäre und Berater bei sich. Wer sich in großem Stil präsentierte, das waren die adeligen Vertreter der mächtigen Fürsten des Reichs, der Kurfürsten zumal, vor allem dann, wenn ihre Herren in Personalunion gleichzeitig außerhalb des Reichs amtierten und regierten, wie zum Beispiel der Kurfürst von Hannover als König von England oder der Kurfürst von Sachsen als König von Polen. Und dann natürlich der Gesandte des Kaisers, der so genannte „Prinzipalkommissar": Beauftragt, seinen Herren vollgültig, in aller kaiserlichen Machtvollkommenheit darzustellen, hatte er eine regelrechte Hofhaltung um sich, die Dutzende von unterschiedlichen Chargen umfasste. Ab 1748 fungierten als Prinzipalkommissare die Fürsten von Thurn und Taxis; sie trieben das System auf einsame Spitzen. Ihr Name wird bekanntermaßen auch heute noch, sowohl innerhalb wie außerhalb der Stadt, allenthalben mit Glanz und Gloria assoziiert.

Die Anwesenheit des Reichstags brachte Regensburg nach langer Unterbrechung noch einmal zum Glänzen; allerdings war der Glanz diesmal wirklich nur ein rein äußerlicher. Und noch eine weitere Relativierung ist zu machen: Der Glanz erfasste keineswegs alle Regensburger in gleicher Weise. Die ansässigen Handwerker und Händler zum Beispiel beschwerten sich geradezu über den Reichstag, und zwar immer mehr, je länger er währte. Das Argument, dass mit den Gesandten zusätzliche Kunden in die Stadt kämen, und solche mit ausgesprochen hoher Kaufkraft noch dazu, verfing in ihren Augen nicht. Im Gegenteil: Was sie sahen, war vor allem, dass sich im Gefolge der Gesandten auch fremde Gewerbetreibende ansässig machten. Es wurde schnell klar, dass sie eine ernstzunehmende Konkurrenz darstellten; denn sie galten auch rechtlich als Fremde, mussten keine Steuern zahlen und konnten deshalb um einiges billiger produzieren – sehr zum Ärger ihrer Regensburger Kollegen.

Der Rat der Freien Reichsstadt war ebenfalls nicht uneingeschränkt begeistert. Der Reichstag mochte gut sein fürs Prestige; seine Anwesenheit barg aber auch gewisse Gefahren. Die ganze Reichstagsgesellschaft – etwa 70 Gesandte und ihr Gefolge, zusammen schätzungsweise 700 bis 1000 Personen – ge-

HINTERGRUND

DIE FÜRSTENALLEE

Einen ganz besonderen, bislang ungewohnten Akzent im Stadtbild setzte gegen Ende des 18. Jahrhunderts der amtierende kaiserliche Prinzipalkommissar, Fürst Carl Anselm von Thurn und Taxis. Er stiftete zwischen 1779 und 1781 für Kosten in Höhe von 12 000 Gulden rings um Regensburgs Stadtmauern eine durchgehende Allee von 1500 Bäumen; sie sollte jedermann, etwa bei Gelegenheit sonntäglicher Spaziergänge, zur freien Verfügung stehen. Der Gedanke entsprach dem Geschmack der Zeit: Allenthalben schwärmte man für Natur und Natürlichkeit und davon, den zivilisierten Menschen mit ihr und ihrer Ursprünglichkeit wieder zu versöhnen – der französische Philosoph Rousseau, der dieses Gedankengut aufgebracht hatte, war gerade schwer in Mode. Carl Anselm ließ sich freilich noch von einem anderen Motiv leiten, und er war ehrlich genug, es zuzugeben: Er wollte sich schlicht und einfach ein Denkmal setzen. Wenn er Regensburg ein so großzügiges Geschenk mache, erklärte er, dann wünsche er, dass es auch nach ihm benannt werde. Die Stadt, überglücklich, war einverstanden; die Anlage erhielt den Namen „Fürst-Anselm-Allee"; sie trägt ihn noch heute. Es handelte sich ursprünglich tatsächlich um eine Allee; eine doppelte Baumreihe verlief unmittelbar außerhalb von Stadtmauer und Graben. Erst gut 20 Jahre später wurde die Anlage umgestaltet und zu einem Park weiterentwickelt. Bei dieser Gelegenheit wurde dem – inzwischen verstorbenen – edlen Stifter eine zusätzliche Ehre zuteil: Ein Denkmal für Carl Anselm entstand, ein echtes aus Stein diesmal, nicht nur ein Name; es kündet bis heute von seiner guten Tat.

noss einen Rechtsstatus, wie er Diplomaten zukam: Sie war exterritorial; sie unterstand nicht der städtischen Obrigkeit; auf sie konnte man weder rechtlich noch steuerlich in irgendeiner Form zugreifen. Letztendlich trug sie dazu bei, ein altbekanntes Regensburger Problem noch weiter zu verschärfen, das der durchlöcherten Souveränität. Die Freie Reichsstadt – so sah sie es jedenfalls – wurde in ihrem Handlungsspielraum immer weiter eingeengt. Die Konsequenz, die sie zog, war durchaus logisch: Mehrfach richtete sie Eingaben an den Kaiser, er möge

Fürst-Anselm-Allee mit Denkmal zu Ehren des Stifters; Kupferstich von Johann Bichtel, Regensburg nach 1813. Die Allee präsentiert sich hier bereits in ihrer späteren parkähnlichen Gestalt, wie sie sich bis heute erhalten hat. Im Hintergrund das Palais Graf Kaspars von Sternberg, eines der Regensburger Honoratioren an der Wende vom 18. zum 19. Jahrhundert. Das Palais, im Regensburger Volksmund „Theresienruhe" genannt, wurde während des Zweiten Weltkriegs schwer beschädigt und anschließend abgetragen. – Regensburg, Historisches Museum.

den Reichstag nach all den Zeiten seiner Anwesenheit am Ort in eine andere Stadt verlegen – freilich ohne greifbaren Erfolg.

Glücklicherweise ohne Erfolg, so muss man im Rückblick wohl sagen; denn aufs Ganze gesehen, ergibt sich eine Bilanz, die überwiegend doch eher positiv ist. Regensburg profitierte weit mehr vom Reichstag, als dass es unter ihm zu leiden gehabt hätte. Ganz besonders eindeutig gilt dies für den Bereich des geistigen und kulturellen Lebens, oder etwas allgemeiner ausgedrückt: für die gesamte Atmosphäre, die aufgrund der Anwesenheit des Reichstages in der Stadt herrschte. Regensburg wurde noch einmal zu einem wahrhaft internationalen, multikulturellen Ort. Aus ganz Deutschland und teilweise sogar aus dem europäischen Ausland strömten die Diplomaten hierher; die verschiedensten Gebräuche und Traditionen, die sie mitbrachten, beeinflussten und durchdrangen sich; ein Klima allgemeiner Offenheit und Toleranz breitete sich aus. Gäste kamen, um das interessant gewordene Regensburg zu besuchen, unter ihnen Leute mit klingenden Namen, Goethe, Mozart, Joseph Haydn, Ernst Moritz Arndt, Friedrich Hölderlin und viele andere. Ein kleines Theater entstand. Das Zeitungswesen blühte; schließlich wollte die Reichstagsgesellschaft allzeit umfassend informiert sein. Die Architektur empfing neue Impulse; Barock und Rokoko hielten ihren Einzug in Regensburg; die alte Stadt erhielt – zumindest stellenweise – ein neues Gesicht.

Die freier gewordene Lebensart breitete sich von der Reichstagsgesellschaft bald auch unter den Regensburgern aus. Natürlich war man immer schnell dabei, über irgendwelche Skandalgeschichten, die einzelne Gesandte sich leisteten, den Kopf zu schütteln und die Nase zu rümpfen. Gleichzeitig bemühten sich aber doch zumindest die führenden bürgerlichen Familien nachzuahmen, was die vornehmen Fremden ihnen vorführten; nach Kräften, mit mehr oder weniger Erfolg, versuchten sie sich in der Imitation sowohl repräsentativen als auch zeitgemäßen Lebens. Als im 18. Jahrhundert das Gedankengut der Aufklärung sich ausbreitete und seinen Weg nach Regensburg fand, wurde es dementsprechend begierig und bereitwillig aufgenommen. Logen und Lesezirkel entstanden. Die älteste botanische Gesellschaft der Welt wurde gegründet. Gelehrte und Wissenschaftler erwarben sich einen Ruf, der weit über die Grenzen der Stadt hinausreichte. Kurzum: Das gesellschaftliche und geistige Klima bot vielfältige Reize und Anregungen; durchaus selbstbewusst stellte man sich anderen Orten zur Seite. Politisch zwar machtlos, dafür aber kulturell blühend: Damit bildeten sich, nebenbei bemerkt, im Kleinen erneut Verhältnisse ab, wie sie für das Deutschland des 18. Jahrhunderts im Großen charakteristisch waren. Auch unter diesem Aspekt konnte Regensburg mithin ohne Einschränkung als eine archetypische „Stadt des Reichs" gelten.

Von der Provinzstadt zum Oberzentrum: Regensburg im 19. und 20. Jahrhundert

Regensburg, die „Stadt des Reichs": Alles in allem konnte man sich am Ort, wenn man kurz vor Ende des 18. Jahrhunderts Bilanz zog, durchaus mit diesem Zustand anfreunden. Der kaiserliche Schutzherr garantierte, dass man nach außen, vor allem gegenüber dem Herzog von Bayern, unabhängig blieb. Der Reichstag sorgte dafür, dass im Inneren eine freie und offene Atmosphäre herrschte; sie machte das Leben ungleich interessanter und abwechslungsreicher, als es bei einer Stadt von 20 000 Einwohnern eigentlich zu erwarten gewesen wäre. Die wirtschaftliche Situation hätte vielleicht besser sein können – aber genauso gut auch viel schlechter. Eines, vor allem, war jedermann klar: Aus eigenen Kräften, auf sich allein gestellt, wäre Regensburg längst nicht so gut dagestanden – Grund genug, mit den Dingen, wie sie nun einmal waren, zufrieden zu sein und keine unnötigen Fragen zu stellen.

Doch objektiv betrachtet, ging es der Stadt im Prinzip ähnlich wie am Ende des Mittelalters schon einmal: Ihre gesamte Existenz beruhte auf einer äußerst schmalen Grundlage. Damals war Regensburg gestanden und gefallen mit der Rolle des Handels; jetzt stand und fiel es mit der Rolle des Reichs. Die eine Monostruktur hatte die andere abgelöst; beide waren gleichermaßen gefährlich. Gewiss: Beim Reich, beim Heiligen Römischen Reich Deutscher Nation, das seit fast tausend Jahren existierte, kam kein Mensch ernsthaft auf den Gedanken, dass es jemals an ein Ende gelangen und einfach untergehen könnte; die Stadt schien sich diesbezüglich in unerschütterlicher Sicherheit wiegen zu können. Das war ein Trugschluss; denn an der Wende vom 18. zum 19. Jahrhundert war es auf einmal so weit: Das Reich, plötzlich und unerwartet, löste sich innerhalb kürzester Zeit auf. Regensburg bekam die Folgen unmittelbar zu spüren; die Stadt sah sich aufs Neue vor tiefgreifende Veränderungen gestellt.

Das „Fürstentum Regensburg"

Der Anstoß, der den Stein ins Rollen brachte, kam von weit außerhalb Regensburgs, aus dem Bereich der großen europäischen Politik. Im Jahr 1789 begann in Frankreich die Revolution; andere Staaten – England, Österreich, Preußen – mischten sich ein; die Revolutionskriege brachen aus. Die französischen Truppen, hoch motiviert, erwiesen sich als die stärkeren; bald kämpften sie nicht mehr innerhalb, sondern außerhalb des eigenen Landes. Schon 1796 standen sie kurz vor Regensburg. Die Menschen gerieten in Panik; die Reichstagsgesandten flohen. Das Wirtschaftsleben kollabierte; schwere Unruhen erschütterten die Stadt. Erst als der Feind sich zurückzog, kehrte wieder Ruhe ein – allerdings nur für kurze Zeit. Im Jahr 1800 waren die Franzosen erneut da; diesmal eroberten sie Regensburg tatsächlich. Die Stadt musste Truppen in großer Zahl aufnehmen und verköstigen; hinzu kamen Kriegskontributionen in astronomischer Höhe. Der öffentliche Haushalt, schon seit langem im Defizit, brach vollends zusammen. Den Verantwortlichen wurde schlagartig klar, wie tief der Abgrund war, vor dem sie standen. Politisch, wirtschaftlich und moralisch: Die Freie Reichsstadt Regensburg war am Ende.

Schließlich, im Jahr 1801, wurde Frieden geschlossen. Frankreich hatte den Krieg gewonnen und dehnte seine Grenzen nach Osten aus. Zahlreiche deutsche Fürsten verloren Teile ihrer Territorien; sie beanspruchten vehement, irgendwie und irgendwo dafür entschädigt zu werden. Der Immerwährende Reichstag in Regensburg wurde eingeschaltet; nach langen Verhandlungen brachte er 1803 ein Ergebnis zustande, den so genannten „Reichsdeputationshauptschluss". Kurzerhand wurde verfügt, dass all die vielen kleinen selbstständigen Territorien innerhalb des Reichs, geistliche Fürstentümer, Klöster und Stifte, Reichsgrafschaften, Freie Reichsstädte, Reichsdörfer und so weiter, aufgelöst werden sollten. Aus der beträchtlichen Verfügungsmasse, die dadurch zustande kam, sollten sich diejenigen bedienen, die Anspruch auf Entschädigung erhoben. Ein Verfahren, so einfach wie rücksichtslos: Die Schwächsten im Reich mussten die Zeche zahlen. Das Ganze nannte sich „Säkularisation" und „Mediatisierung".

Regensburg war von den Vorgängen gleich mehrfach betroffen. Die Freie Reichsstadt, der Machtbereich des Bischofs, die drei selbstständigen Klöster St. Emmeram, Niedermünster und Obermünster: Sie alle gehörten zu denen, die ohne Rücksicht auf Verluste liquidiert wurden. Noch einmal, ein letztes Mal, spiegelte Regensburg im Kleinen, was auf der Ebene des Reichs in großem Stil geschah: Verhältnisse, die sich in Jahrhunderten entwickelt hatten, wurden mit einem Schlag umgestoßen; Strukturen, die aussahen, als würden sie immer und ewig Bestand haben, lösten sich auf in Nichts. Eine ganze Epoche – so sahen es schon die Zeitgenossen – ging zu Ende.

Es wäre an sich logisch gewesen, wenn die gesamte Regensburger Entschädigungsmasse nun einfach an den Herzog von Bayern gefallen wäre. Er hatte westlich des Rheins, in der Pfalz, die damals zu seinen Besitzungen gehörte, Gebiete an Frankreich verloren und war deshalb einer von denen, die Ansprüche geltend machen konnten; außerdem stand die Stadt schon seit Jahrhunderten ganz oben auf seiner Wunschliste. Doch genau das geschah nicht: Aus den fünf lokalen Obrigkeiten, die bisher nebeneinander existiert hatten, entstand ein eigener kleiner Staat, das „Fürstentum Regensburg". Sein Herr wurde ein völlig Ortsfremder, Karl Theodor von Dalberg, der bisherige Erzbischof und Kurfürst von Mainz. Als einziger geistlicher Reichsfürst hatte er seine Position behaupten können – wie es heißt dank guter persönlicher Kontakte zu dem Mann, der damals als Herrscher Frankreichs in ganz Europa den Ton anzugeben begann und der auch bei dem eigentlich ja rein innerdeutschen Entschädigungsgeschäft im Hintergrund die Fäden zog: Napoleon Bonaparte. In Mainz konnte Dalberg freilich nicht bleiben; es war im Friedensvertrag an Frankreich gefallen; deshalb wurde er flugs auch seinerseits entschädigt, mit einem extra für ihn geschaffenen Staat – eben dem „Fürstentum Regensburg". Im Dezember 1802, also schon Monate, bevor der Reichsdeputationshauptschluss offiziell überhaupt unter Dach und Fach war, trat Dalberg seine neue Herrschaft an.

FÜRST VON REGENSBURG

Karl Theodor von Dalberg war fast 60 Jahre alt, als er nach Regensburg kam, und hatte zu diesem Zeitpunkt schon eine wechselvolle Laufbahn hinter sich gebracht. Er entstammte einer uralten hochadeligen Familie aus der Gegend von Worms, hatte sich im Dienst der Erzbischöfe und Kurfürsten von Mainz emporgearbeitet und lange als deren Statthalter in Erfurt fungiert. Dort, in ruhigen Verhältnissen, hatte er sich am wohlsten gefühlt, ein reges gesellschaftliches Leben geführt und all den schöngeistigen Neigungen gefrönt, die seinem friedlichen und an sich unpolitischen Wesen entsprachen. Er hatte Kontakte zum benachbarten Weimar geknüpft und Geistesgrößen wie Humboldt, Wieland und natürlich Goethe und Schiller kennengelernt. Sie alle schätzten ihn außerordentlich; Schiller schrieb einmal: „Ich habe wenige Menschen gefunden, mit denen ich überhaupt so gerne leben möchte als mit ihm." Und Goethe: „Je mehr ich dankbar empfinde, wie viel ich diesem außerordentlichen Manne in meiner Jugend schuldig geworden, desto mehr freut mich, dass Zeit und Entfernung, ja so mancher Wechsel der Dinge nichts an einem Verhältnis ändern konnten, das auf wahrem Grund gebaut war." Im Sommer 1802 war Dalberg selbst Erzbischof und Kurfürst von Mainz geworden; allerdings gehörte Mainz zu diesem Zeitpunkt bereits zu Frankreich. So begann seine eigentliche fürstliche Herrschaft erst, als er sich Ende 1802 in Regensburg etablierte.

In Regensburg, mit dem Blick des Außenstehenden, sah Dalberg sofort, was jeder sah, der sich offenen Auges hier umschaute: Die Stadt bot an allen Ecken und Enden ein Bild des Stillstands und der Rückständigkeit – die Folge von Jahrhunderten wirtschaftlicher Stagnation. An diesem Bild hatte letztlich auch der Reichstag nichts geändert, trotz all des Glanzes, den er über die Stadt ausgoss. Eher im Gegenteil: Er hatte viel dazu beigetragen, dass die Regensburger ihre Probleme lieber verdrängten anstatt sie anzugehen. Erst die Ereignisse der jüngsten Vergangenheit, als die Stadt während der Revolutionskriege dem Zusammenbruch nahe gewesen war, hatten vielen die Augen geöffnet und ihnen gezeigt, wie die Dinge wirklich standen. Ein Neubeginn war vonnöten; Dalberg nahm ihn energisch in Angriff – übrigens durchaus auch in eigenem Interesse. Er war fremd in Regensburg; niemand hatte die Menschen hier gefragt, ob sie ihn als ihren Herren, ja ob sie, freie Bürger einer Freien Reichsstadt, überhaupt einen Herren haben wollten. Dalberg musste erst ihren Respekt und ihre Zuneigung gewinnen; kaum etwas war dazu besser geeignet, als dass er sich den Ruf eines tatkräftigen Reformers und Modernisierers erwarb.

Es ging Schlag auf Schlag; bald war Regensburg nicht wiederzuerkennen. Die Verwaltung der bisherigen fünf unterschiedlichen Obrigkeiten wurde verschmolzen und vereinheitlicht. Die rechtliche und politische Konfrontation zwischen Katholiken und Protestanten schwand; das Bürgerrecht wurde beiden Seiten gleichermaßen zugänglich gemacht. Nur knapp scheiterte eine Initiative, es auch für Juden, die sich inzwischen wieder in Regensburg angesiedelt hatten, zu öffnen. Die Besteuerung der Einwohner wurde auf eine breitere Grundlage gestellt, das Finanzwesen dadurch effizienter gemacht. Ein Schuldentilgungsplan wurde ausgearbeitet, der die in Jahrhunderten aufgelaufenen Defizite abtragen sollte. Maßnahmen zur Wirtschaftsförderung wurden ergriffen, neue Unternehmen angesiedelt und großzügig gefördert. Eine wirksame staatliche Sozialpolitik wurde initiiert: Den Ärmsten der Armen linderten Suppenküchen mit kostenloser Verpflegung ihre Not; Arbeitslose bekamen Arbeit im öffentlichen Sektor; neue Waisen- und Krankenhäuser entstanden. Der kulturelle Bereich erhielt bedeutende Impulse durch die Gründung eines großen neuen Theaters. Ein staatliches Gesundheitswesen wurde aufgebaut, mit Qualifikationskriterien für die Zulassung von Ärzten, mit kostenloser Krankenpflege für Kinder, mit Pockenschutzimp-

Theater und Gesellschaftshaus; Stahlstich von Carl Victor Keim, Regensburg um 1860. Das Theater entstand 1804 im Zuge der allgemeinen Modernisierungspolitik Karl Theodors von Dalberg; es ersetzte ein kleineres und älteres Haus, das seit dem 17. Jahrhundert, im Wesentlichen für die Bedürfnisse der Reichstagsgesellschaft, am Ägidienplatz bestanden hatte. Durch einen Großbrand wurde das Theater im Jahr 1849 völlig zerstört, wenig später aber, unter weitgehender Beibehaltung der ursprünglichen Planung, wiederhergestellt. – Regensburg, Historisches Museum.

fungen für jedermann. Die Liste ließe sich noch um einiges verlängern. Unterm Strich, auf den Punkt gebracht, lautet die Bilanz schlicht und einfach: Mit Dalberg begann in Regensburg eine neue Zeit. Sie verwandelte nicht zuletzt auch das äußere Erscheinungsbild: Ganz bewusst setzte Dalberg architektonische Akzente, besonders deutlich am heutigen Bismarckplatz; die Freie Reichsstadt – so sein Ziel – sollte zu einer repräsentativen Residenzstadt umgestaltet werden.

Hauptstadt eines eigenen kleinen Fürstentums, Residenz eines tatkräftigen modernen Fürsten: Für Regensburg eröffneten sich unverhofft ganz neue Zukunftsperspektiven. Doch die Blütenträume waren schnell auch wieder ausgeträumt. Die Gründung des „Fürstentums Regensburg" war 1802 nur ein lokaler Ausfluss großer europäischer Umwälzungen gewesen; diese gingen in den folgenden Jahren pausenlos weiter. Napoleon überzog den ganzen Kontinent mit seinen Kriegen; die Landkarten änderten ständig ihr Aussehen. Das Reich, 1803 in seinen Grundfesten erschüttert, ging schon 1806 völlig unter; für Regensburg hieß das: Der Immerwährende Reichstag löste sich auf. Wieder geriet die Stadt, als die Gesandten sie verließen, in wirtschaftliche Not. Dalberg versuchte, sie nach Kräften zu steuern; durch persönlichen Einsatz erreichte er immerhin, dass der Fürst von Thurn und Taxis, der ehemalige Vertreter des Kaisers am Reichstag, samt seiner ganzen Hofhaltung am Ort blieb und auch weiterhin wenigstens für ein bisschen Glanz sorgte. Drei Jahre später folgte der nächste, noch viel schwerere Schlag: In einem der Kriege Napoleons wurde Regensburg durch ungünstige Umstände zum Schlachtort; am 23. April 1809 sank ein ganzes Stadtviertel in Schutt und Asche. Danach ging alles sehr schnell. Kaum war der Krieg für dieses Mal beendet, forderte Napoleons wichtigster Verbündeter in ihm, König Maximilian I. Joseph von Bayern, eine angemessene Belohnung für seine Hilfe; er forderte den Besitz Regensburgs. (Das war damals bewährte Politik im Lande Bayern: in enger Allianz mit Napoleon Geschäfte zum eigenen Vorteil zu machen. Bewährt insofern, als man damit tatsächlich schon ein paar schöne Erfolge eingefahren hatte, zum Beispiel und vor allem in Gestalt der Erringung der Königswürde. Herzog von Bayern? Vergangenheit! Jetzt hieß es: König von Bayern – wenn auch von Napoleons Gnaden…) Dalberg, zwar ebenfalls mit Napoleon verbündet, aber ungleich weniger bedeutend, wurde einfach – er kannte das ja schon! – mit einer anderen Stadt ersatzweise abgefunden, mit Frankfurt. So war der Weg frei: Am 22. Mai 1810 kam Regensburg unter bayerische Herrschaft. Diesmal – anders als 300 Jahre zuvor – gab es keinen, der Einspruch erhob, keinen Kaiser, keinen Schutzherrn. Diesmal blieb es dabei: Die Zeiten Regensburger Selbstständigkeit waren endgültig passé.

Der „Dornröschenschlaf"

Es war ein tiefer Sturz, den Regensburg 1810 erlebte. Jeglicher Ausnahmecharakter der Stadt ging verloren. Der Reichstag und seine einzigartige Atmosphäre waren schon seit Jahren ver-

Schlacht von Regensburg; handkolorierter Kupferstich von André Basset, um 1810. Bei der Schlacht standen sich mit Armeen von jeweils mehreren 10 000 Mann Österreicher auf der einen und Franzosen unter dem Kommando von Napoleon höchstpersönlich auf der anderen Seite gegenüber. Im Verlauf eines Tages wurde Regensburg, wo die Österreicher sich verschanzt hatten, von den Franzosen belagert, beschossen und schließlich erstürmt. Über das Kampfgeschehen scheint der Künstler allerdings nicht besonders gut informiert gewesen zu sein: Er verlegt den Kommandostand Napoleons auf die falsche Seite der Donau. Auch die Topografie des Flusses, was die Inseln und das Nordufer mit Stadtamhof angeht, ist eher von Fantasie denn von Sachkenntnis der lokalen Gegebenheiten geprägt ... – Privatbesitz.

schwunden; jetzt verschwand mit Dalberg der letzte Rest von großer, weiter Welt. Die neuen bayerischen Herren taten ein Übriges: Ganz bewusst wurden alle Elemente von Selbstverwaltung getilgt und die Stadt streng zentralistisch von München aus regiert. Besonders schmerzhaft (und bis heute spürbar): Große Mengen von Kunstschätzen, gesammelt und geschaffen in besseren Zeiten, wurden entfernt und verschwanden in auswärtigen Depots und Schatzkammern; fast könnte man von einer systematischen Plünderung sprechen. Regensburg, ob es wollte oder nicht, wurde zu einer einfachen Provinzstadt, zurückgeworfen auf das eigene Potenzial; es zeigte sich schnell, dass damit nicht viel Staat zu machen war.

Erst 1818 erhielt Regensburg, wie alle anderen bayerischen Städte und Gemeinden, erneut das Recht, bestimmte lokale Angelegenheiten in lokaler Verantwortung zu erledigen; die Organe von Bürgermeister und Stadtrat wurden wieder geschaffen. Den neu gewonnenen Handlungsspielraum nutzte man in Regensburg in der Folge auf eine ganz eigene Art und Weise. Natürlich ging es auch hier um die Anpassung an neue Zeiten, um Modernisierung; das Thema stand in den Zeiten, als allmählich die industrielle Revolution begann, überall ganz vorn auf der Tagesordnung. Doch eine Stadt zu modernisieren, bedeutete zwangsläufig auch, dass die traditionellen Strukturen aufbrachen und sich veränderten; genau hier schieden sich die Geister. Die politischen Verhältnisse mochten sich in Regensburg zuletzt stark gewandelt haben; nicht oder kaum gewandelt hatten sich dagegen die Verhältnisse innerhalb der städtischen Gesellschaft. Nach wie vor besaß nur eine kleine Minderheit der 20 000 Einwohner das Bürgerrecht; nach wie vor kontrollierten einige wenige Familien aus der Oberschicht das gesamte öffentliche Leben; nach wie vor waren sie fast ausschließlich protestantisch. Ein festgefügtes Establishment herrschte in Regensburg; jede Art von Modernisierung – das war offensichtlich – konnte dessen Macht nur schmälern. Wenn man, zum Beispiel, in großem Stil neue Industrien in die Stadt holte, würde dies zwar Arbeitsplätze schaffen – aber auch zahlreiche Menschen aus dem Umland anziehen, allesamt Katholiken. Wenn man den Zugang zum Bürgerrecht erleichterte, würde man einerseits mehr Steuerzahler gewinnen – und andererseits die eigene Exklusivität gefährden. Wenn man umliegende Dörfer eingemeindete, würde Regensburg nach außen gestärkt – und nach innen, dadurch dass Einwohner mit eigener Identität und eigenen Traditionen hinzukämen, eher geschwächt. Wie man es auch drehte und wendete: Die Regensburger Führungsschicht stand, aus ihrer Sicht und mit ihrer Interessenlage, vor einem echten Dilemma.

Die logische Konsequenz: Regensburg unternahm im 19. Jahrhundert alle möglichen Schritte auf dem Weg der

Modernisierung; aber jeder einzelne wurde doch jeweils sehr vorsichtig, zurückhaltend, zögernd gesetzt. Die Stadt entwickelte sich, und zwar so schnell wie schon lange nicht mehr, aber insgesamt weit weniger stürmisch als andere; man braucht zum Vergleich – um in der näheren Umgebung zu bleiben – nur die Beispiele von Nürnberg oder Augsburg heranzuziehen. Eine konkrete Zahl: Die Einwohnerschaft wuchs binnen 100 Jahren von knapp 20 000 auf 53 000; das war mehr als das Doppelte, immerhin, lässt sich aber den Vervielfachungen, wie sie andernorts üblich waren, in keiner Weise zur Seite stellen. Eine verhaltene Entwicklung, eine gebremste Dynamik, eine allmähliche Evolution: Mit solchen und ähnlichen Ausdrücken könnte man die Regensburger Verhältnisse des 19. Jahrhunderts charakterisieren. Verschiedentlich wird auch – etwas ausdrucksstärker – der Begriff des „Dornröschenschlafs" verwendet; bei aller Poesie und Prägnanz, die in ihm steckt, geht er aber an der Sache doch vorbei. Geradezu geschlafen hat Regensburg damals nun auch wieder nicht; im Rückblick ist ein gewisser Fortschritt unübersehbar.

Freilich: Der Fortschritt vollzog sich in verschiedenen Bereichen mit verschiedenen Geschwindigkeiten. Besonders langsam ging es dort, wo das herrschende Establishment seine Exklusivität und seine Privilegien in Gefahr sah, oder besser: wo es in seiner Macht stand, dieser Gefahr entgegenzuwirken. Das Bürgerrecht zum Beispiel wurde um 1900 noch fast genauso selten und vorsichtig verliehen wie 100 Jahre zuvor, obwohl der bayerische Staat in der Zwischenzeit die ursprünglich bestehenden rechtlichen Hürden weitgehend abgebaut hatte. In Regensburg war von dieser Liberalisierung wenig zu spüren; die Stadt hatte sie – einfach, aber wirksam – unterlaufen, indem sie jedem, der Bürger werden wollte, eine hohe Gebühr in Rechnung stellte. Sie aufzubringen war nur wenigen Wohlhabenden möglich; von ihnen ging aus der Sicht derer, die die Macht in Händen hielten, keinerlei Gefahr aus. Im Gegenteil: Die wirtschaftlichen, sozialen und politischen Interessen dieser neuen Bürger, insofern auch sie zu den Besitzenden zählten, waren dieselben wie die der alten; so stützten sie die bestehenden Verhältnisse eher, anstatt sie anzutasten.

Einen wichtigen Unterschied gab es allerdings: Die alten Bürger, deren Status noch aus der Zeit der Freien Reichsstadt stammte, waren fast ausschließlich Protestanten; die neuen, meist aus dem bayerischen Umland zugezogen, waren überwiegend Katholiken. Ihr Anteil an der Bürgerschaft wuchs beständig; um die Mitte des 19. Jahrhunderts gewannen sie schließlich rein zahlenmäßig die Mehrheit. In der Praxis änderte sich dadurch allerdings wenig: Weil die Interessen dieselben waren, neigten, beispielsweise, auch die katholischen Bürger bei Wahlen den Kandidaten der liberalen Partei zu, die einige Zeit vorher eigentlich von Protestanten für Protestanten gegründet worden war. Ihr wichtigster Repräsentant, Bürgermeister Oskar von Stobäus, regierte die Stadt von 1868 bis 1903 jahrzehntelang völlig unangefochten. Mit anderen Worten: Wichtiger als die konfessionellen Unterschiede zwischen Alt- und Neubürgern waren offensichtlich die ökonomischen Gemeinsamkeiten.

Natürlich verhielt es sich nicht in allen Fällen so; grundsätzlich bestand immer die Möglichkeit, statt des Weges der Anpassung den einer bewussten Abgrenzung zu beschreiten. Eine Reihe von Persönlichkeiten aus den Kreisen des katholischen Bürgertums – die Verleger Friedrich Pustet, Georg Joseph Manz und Joseph Habbel, der Redakteur Heinrich Held und andere – wählten diese Alternative und begründeten eine politische Interessenvertretung für die Belange des Katholizismus in Regensburg. Konkret ging es der Partei, die sich formierte, allerdings weniger um Glaubensfragen; vielmehr verschrieb sie sich in erster Linie sozialem Gedankengut: Sie wollte all denen Gehör verschaffen, die nicht zum Establishment gehörten, den einfachen Leuten, die ja in ihrer überwiegenden Mehrheit Katholiken waren. Ein höchst interessanter Punkt; er zeigt nämlich, dass in Regensburg die konfessionelle Frage eng und untrennbar mit der sozialen Frage zusammenhing. Schon zu Zeiten der Freien Reichsstadt waren die Bürger, also die Wohlhabenden, meist Protestanten gewesen und unter den Nichtbürgern, also den weniger Wohlhabenden, viele Katholiken; im 19. Jahrhundert vertiefte sich diese Kluft sogar noch. Die Menschen, die damals aus dem Umland in die Stadt zogen, waren überwiegend Katholiken, und sie kamen in ihrer Mehrheit auch wieder aus eher bescheidenen Verhältnissen: Es war ja vor allem die Hoffnung auf ein besseres Leben, die sie hierher führte. Die bürgerlich-protestantische Oberschicht ignorierte die Neuankömmlinge weitgehend, ja: Sie versuchte ganz bewusst zu verhindern, dass sie am politischen Leben teilnahmen – ein idealer Ansatzpunkt für die katholische Partei. Intensiv setzte sie sich für soziale Reformen ein und dafür, dass der Erwerb des Bürgerrechts erleichtert wurde; möglichst viele Menschen sollten das Recht bekommen, bei Fragen von öffentlichem Interesse mitzusprechen und mitzuentscheiden. Der Kampf dauerte viele Jahre; schließlich führte er zum Erfolg: 1911 wurde die Bürgerrechtsgebühr deutlich herabgesetzt, 1916 gänzlich abgeschafft. Es war ein entscheidender Schritt auf dem Weg der inneren Demokratisierung von Regensburg; die Tage, in denen eine kleine Minderheit exklusiv die städtischen Angelegenheiten bestimmt hatte, gingen – spät, aber dafür endgültig – zuende.

Ebenfalls nur sehr zögerlich kam der Prozess der Modernisierung Regensburgs im wirtschaftlichen Bereich voran. Auch hier sahen die Regierenden mehr Risiken als Chancen, jedenfalls was sie selbst, ihre eigenen Positionen und Privilegien betraf. Eine forcierte Industrialisierung zum Beispiel hätte noch viel mehr Fremde in die Stadt geführt, als ohnehin schon kamen; das gesellschaftliche Gefüge wäre vollends aus dem Lot geraten. So hielt man sich lieber zurück, anstatt sich übermäßig zu engagieren. Dabei war die wirtschaftliche Lage ernst genug. Nach Ewigkeiten der Stagnation hatten sich die Verhältnisse am Anfang des 19. Jahrhunderts zu einer regelrechten Krise zugespitzt. Der Reichstag war aus Regensburg verschwunden; die Nachfrage hatte sich schlagartig verringert, eine Menge an Arbeitsplätzen im Dienstleistungssektor war verloren gegangen. Wenig später, mit dem Übergang der Freien Reichsstadt an das Königreich Bayern, waren die Zollschranken gefallen; plötzlich und ohne darauf vorbereitet zu sein, hatten sich die Regensburger Gewerbetreibenden der Konkurrenz aus dem näheren und weiteren Umland stellen müssen. Eine Reihe von Unter-

BISCHOF SAILER UND DER „SAILERKREIS"

Vom katholischen Regensburg waren bereits in der ersten Hälfte des 19. Jahrhundert wichtige Impulse ausgegangen; damals hatten sie jedoch weniger im politischen als vielmehr im geistlichen Bereich gewirkt. Eine wahre kirchliche Erneuerungsbewegung hatte sich entwickelt; ihr Initiator war Johann Michael Sailer gewesen, Professor der Theologie an den Universitäten in Ingolstadt und Landshut, ab 1822 Domherr, Weihbischof und Generalvikar in Regensburg, schließlich, 1829 bis 1832, Bischof daselbst. Als Lehrer und Theologe machte Sailer sich einen Namen, indem er die Prinzipien von Glauben und Gläubigkeit, die in der Zeit von Aufklärung und Rationalismus in die Defensive geraten waren, wieder mit neuem Leben erfüllte; als Seelsorger beeindruckte er mit seiner großen persönlichen Ausstrahlung alle, die mit ihm zu tun hatten. In Regensburg scharte er eine Gruppe von Freunden und Gleichgesinnten um sich, den so genannten „Sailer-Kreis"; zu ihm gehörte sein Sekretär Melchior von Diepenbrock, in späteren Jahren Bischof von Breslau und Kardinal, der Arzt Carl Proske, der durch Sailer seine Berufung zum Priester entdeckte und sich der Wiederbelebung der katholischen Kirchenmusik verschrieb, und der Dompfarrer Georg Michael Wittmann, nach Sailers Tod 1832 für wenige Monate sein Nachfolger im Bischofsamt. Sailer stand in engem geistigen Austausch mit König Ludwig I. von Bayern, der als Kronprinz einst Vorlesungen bei ihm gehört hatte; dies sicherte ihm weitreichenden Einfluss auf die bayerische Kirchen- und Kulturpolitik seiner Zeit. Ein Schüler Sailers, Eduard von Schenk, war von 1828 bis 1831 sogar Innenminister in München.

nehmen brach zusammen; die Arbeitslosigkeit stieg in bedenkliche Höhen. Kurz: Es bestand dringender Handlungsbedarf.

Wer in dieser Situation tatsächlich handelte, war weniger die Stadt als vielmehr der bayerische Staat. Zunächst wurden in größerer Anzahl Soldaten in Regensburg stationiert, ein Infanterieregiment, später zusätzlich leichte Kavallerie; diese Maßnahmen waren durchaus auch als eine Art von Wirtschaftsförderung gedacht. In die gleiche Richtung zielten diverse Großprojekte, die die lokale und regionale Infrastruktur ver-

Alter Bahnhof; Stahlstich, Regensburg um 1860. Der erste Bahnhof von Regensburg, 1859 eingeweiht, wurde in den Jahren 1886 bis 1891 durch einen größeren Neubau ersetzt. Sein Baukörper prägt bis heute den Eingang in die Altstadt von Süden her. – Regensburg, Historisches Museum.

besserten; sie sollten – in der Sprache von heute – den Standort Regensburg für den in Gang kommenden Prozess der Industrialisierung überhaupt erst einmal interessant machen. In Stichworten: 1845 wurde der Ludwig-Donau-Main-Kanal fertiggestellt; 1859 kam die Eisenbahn in die Stadt; 1910 wurde der neue Luitpoldhafen, der heutige Westhafen, in Betrieb genommen. Mit all diesen Maßnahmen gelang es in der Tat zu erreichen, dass Regensburg Anschluss erhielt an das moderne Wirtschaftsleben.

Der Erfolg ließ nicht lange auf sich warten. Allmählich siedelte sich eine Reihe von neuen Gewerbezweigen in Regensburg an. Kalkwerke und Ziegeleien entstanden, Maschinenfabriken und Werften, Druckereien und Verlage, Porzellanmanufakturen, eine Zucker- und eine Schnupftabakfabrik und – sehr exotisch und nur von kurzer Lebensdauer – eine Seidenplantage zur Zucht von Seidenraupen. Die wirtschaftlichen Perspektiven, zu Beginn des 19. Jahrhunderts reichlich düster, hellten sich auf; die Stagnation, die Regensburg seit Menschengedenken gelähmt hatte, wurde endgültig und dauerhaft überwunden. Freilich: Verglichen mit anderen Städten war es immer noch eine Entwicklung von eher bescheidenen Ausmaßen; Regensburg wurde keineswegs eine klassische Industriestadt. Aufs Ganze gesehen, blieb die Arbeiterschaft eher unbedeutend – und ihre Interessenvertretung ebenso. Die Sozialdemokratie, andernorts zunehmend selbstbewusst, konnte in Regensburg kaum Fuß fassen; die Gesellschaft verharrte zu großen Teilen in ihren traditionellen konservativen Strukturen – ganz so, wie die Regierenden es sich vorstellten.

Wirkliche Veränderung, einen raschen und zügigen Fortschritt ohne Vorbehalte gab es in der ganzen Zeit nur auf einem – allerdings nicht unwichtigen – Feld, nämlich auf dem des täglichen Lebens. Das Bild der Stadt, ihre Ausdehnung, ihre Infrastruktur wandelten sich in einer Geschwindigkeit und in einem Maß wie seit dem Mittelalter nicht mehr; davon profitierte nahezu jedermann. Viele Menschen konnten in ihrem persönlichen Umfeld spüren, wie sich die verschiedensten modernen Errungenschaften durchsetzten, wie sich die Lebensbedingungen Schritt für Schritt verbesserten; das verlieh der Zeit – trotz aller privater Sorgen, die der einzelne natürlich nach wie vor mit sich herumtrug – eine insgesamt positive Grundströmung.

Nur ein paar Beispiele: Regensburg erhielt in der zweiten Hälfte des 19. Jahrhunderts eine neue Wasserversorgung und – ein Fortschritt, den man kaum hoch genug bewerten kann – eine Kanalisation; das war geradezu ein Segen für die sanitären und hygienischen Verhältnisse. Viel mehr als den Vitusbach, der die engen Gassen der Stadt durchquerte und schließlich in die Donau mündete, hatte es zur Entsorgung von Abfällen und Unrat bisher nicht gegeben; die Konsequenzen, mit Schmutz und Gestank, mit Krankheiten und Epidemien aller Art, waren entsprechend übel gewesen. Wenig später wurde zusätzlich eine regelmäßige Hausmüllabfuhr eingerichtet, was die Sauberkeit weiter förderte. Ein Gaswerk entstand, zwecks Beleuchtung der Stadt und ihrer Häuser; um die Jahrhundertwende folgte ein Elektrizitätswerk. Die ersten Abschnitte der Straßenbahn wurden eröffnet; das vereinfachte und beschleunigte die allge-

Schloss der Fürsten von Thurn und Taxis. Aus der Vogelperspektive lässt sich am besten erkennen, wie komplex die Anlage ist – schließlich wurde das Schloss nicht auf der grünen Wiese gebaut, sondern ist aus einem mittelalterlichen Kloster hervorgegangen. Dessen Strukturen – eine mächtige Kirche mit separat stehendem Turm im Norden sowie Kreuzgang und zugehörigen Gebäuden im Süden (im Bild rechts und in der Mitte) – sind noch gut zu erkennen; erst daran schließen sich weiter südlich (im Bild links) mit größerer Ausdehnung die verschiedenen Trakte des Schlosses an. Wobei es auch hier gravierende Unterschiede gibt: Der Ostflügel (im Bild unten) stammt wie der Kernbereich der Anlage noch aus Klosterzeiten und wurde für die Bedürfnisse eines Schlosses nur umgebaut; der Südflügel dagegen, mit Front zur Allee, ist ein echter Neubau. Im Westen (im Bild oben) reicht der Komplex mit altem und neuem Marstall, mit Wirtschaftsgebäuden und so weiter ebenfalls bis zur Allee – eine riesige Anlage, von der in Regensburg mit Stolz berichtet wird, sie sei „größer als der Buckingham-Palast in London".

meine Mobilität. Großzügige Schulneubauten verbesserten entscheidend die Bedingungen, unter denen die Regensburger Kinder und Jugendlichen lernten; zugleich setzten sie zeitgemäße architektonische Akzente im altgewohnten Stadtbild.

Überhaupt veränderte sich das ganze Aussehen Regensburgs rasch und radikal. Weniger durch Umgestaltungen innerhalb des Stadtkerns: Er bewahrte, abgesehen von einigen Neubauten, im Wesentlichen sein mittelalterliches Gepräge.

SCHLOSS THURN UND TAXIS

Von den wenigen Neubauten, die damals im Inneren der Stadt entstanden, war der weitaus repräsentativste der des Schlosses, das die Fürsten von Thurn und Taxis errichten ließen. Im Zusammenhang mit den großen Veränderungen zu Beginn des 19. Jahrhunderts hatten sie das weitläufige Areal des aufgelösten Klosters St. Emmeram in Besitz genommen und im zugehörigen Gebäudekomplex ihre Hofhaltung eingerichtet. Das klösterliche Gepräge der Anlage konnte jedoch den hohen Ansprüchen des fürstlichen Hauses langfristig nicht genügen; nach diversen kleineren Umbauten beschloss man deshalb, im Süden, wo einst zur Stadtmauer hin Wirtschafts- und Lagergebäude gestanden hatten, den kompletten Altbestand abzutragen und einen neuen Bautrakt zu errichten, lang und breit und hoch – eben ganz so, wie ein veritables Schloss damals auszusehen hatte. Genau das war der springende Punkt: Man wollte mit anderen Fürstlichkeiten gleichziehen – immerhin zeichnete für die Baumaßnahme verantwortlich der Sohn jener Fürstin Helene von Thurn und Taxis, die eine gebürtige Herzogin in Bayern gewesen war und als solche keine Geringere als die Schwester der berühmten Sisi. Diese war durch Hochzeit zur Kaiserin von Österreich avanciert und logierte in Wien in weltberühmten Residenzen wie der Hofburg oder Schönbrunn; da musste die Verwandtschaft in Regensburg doch irgendwie mithalten! Der fürstliche Architekt Max Schultze entwarf 1883 erste Pläne; sie wurden rasch in die Tat umgesetzt; schon 1888 war das Werk vollendet. Der planerische Ansatz war durchaus innovativ. Seit dem Bau von Eisenbahn und Bahnhof 1859 war der Süden der Stadt zum Entrée, zur Schauseite geworden; dorthin orientierten sich die Schlossfassaden – nicht stadteinwärts, wo alles so mittelalterlich beengt und verbaut war. Außerdem ging im Süden in unmittelbarer Nachbarschaft die Fürst-Anselm-Allee vorbei, die ebenfalls den Ruhm der Familie verkündete. Von dort aus hat der Spaziergänger, durch Lücken im dichten Laubwerk spähend, auch heute noch die reizvollsten Einblicke und fühlt sich fast in die unwirkliche Atmosphäre eines Märchenschlosses versetzt. Was durchaus beabsichtigt war …

Jenseits davon fiel der Wandel dafür umso mehr ins Auge. Die alten Befestigungsanlagen wurden Zug um Zug niedergelegt; dort, wo früher das Umland begonnen hatte, entstanden neue Wohnquartiere. Wer es sich leisten konnte, entwich den allzu engen Verhältnissen der Innenstadt und suchte sich seinen Platz im Grünen. Villenviertel wuchsen heran, im Osten und im Westen, mit großzügigen Anwesen, repräsentativen Fassaden, weitläufigen Gärten. Andernorts machte sich das moderne Wirtschaftsleben bemerkbar. Im äußersten Osten, beim neuen Hafen, siedelten sich Industrieunternehmen an; im Süden umfasste die Trasse der Eisenbahn die Stadt. Jenseits davon wurden die ersten umliegenden Dörfer – Kumpfmühl und Prüll – eingemeindet; bald sollten weitere folgen. Stadtentwicklung im 19. Jahrhundert: Hier ist die Bilanz eindeutig – und eindeutig positiv. Regensburg war unverkennbar auf dem Weg zur modernen Großstadt. Von einem „Dornröschenschlaf" kann angesichts dessen wirklich und im Ernst nicht die Rede sein.

Moderne Zeiten

Eine ruhige, aber stetige Entwicklung der Dinge: So war Regensburg im 19. Jahrhundert vorangekommen, mit letztendlich durchaus respektablen Ergebnissen. Im 20. Jahrhundert änderte sich das: Der allmähliche Wandel wurde abgelöst durch radikale Brüche und Umbrüche in fast allen Lebensbereichen; immer wieder waren die Menschen gezwungen, sich auf Neues und Unbekanntes einzulassen. Freilich: Der Grund dafür ist nicht etwa in Regensburg zu suchen; hier wäre man wohl lieber in der gewohnten Gemächlichkeit weiter verfahren. Das Neue und Unbekannte kam von außen; Regensburg durchlebte und durchlitt, was alle Welt durchlebte und durchlitt. Erster Weltkrieg, Inflation, Weltwirtschaftskrise, Nationalsozialismus, Zweiter Weltkrieg, Wiederaufbau: Die bekannten Schlagworte aus der allgemeinen Geschichte prägen auch die lokalen Ereignisse des 20. Jahrhunderts. Nivellierung, Uniformierung, Globalisierung allenthalben: Regensburg war tatsächlich und ernsthaft in modernen Zeiten angekommen.

Die relativ ruhigen und stabilen Zeiten gingen in Regensburg schlagartig zu Ende, als 1914 der Erste Weltkrieg ausbrach. Zunächst große Euphorie, dann wachsende Ernüchterung, schließlich drückende Not: Die Stadt erlebte die vier langen Kriegsjahre genauso, wie man sie überall erlebte. Und als es endlich vorbei war, folgte die Revolution. In Regensburg wie in anderen Großstädten bildeten sich vorübergehend Arbeiter- und Soldatenräte. Deutschland wurde zur Republik, Bayern zum Freistaat; mehr Demokratie kam ins Land – nicht zuletzt auf lokaler Ebene: Das Bürger- und Wahlrecht wurde jetzt praktisch allen gewährt, die in einem Ort lebten, insbesondere auch – was völlig neu war – den Frauen. Und: Bürgermeister wurden nicht mehr – wie bisher – vom Stadtrat, sondern direkt von den Bürgern gewählt. Mehr Freiheit, mehr Gleichheit: Die alten Standesunterschiede verschwanden endlich, zumindest im Bereich der Politik.

Was das für Regensburg bedeutete, liegt auf der Hand. Mit den Privilegien der Wohlhabenden, der Protestanten, war es jetzt endgültig vorbei. Die einfachen Leute, überwiegend katholisch, erhielten die gleichen Rechte; ihre seit langem bestehende zahlenmäßige Mehrheit wurde damit auch zu einer politischen Mehrheit. Bei Neuwahlen zum Stadtrat verkehrten sich die altgewohnten Kräfteverhältnisse prompt in ihr Gegenteil. Die liberale Partei, die bisher den Ton angegeben hatte, verlor; die Interessenvertretung des politischen Katholizismus, organisiert in der neugegründeten Bayerischen Volkspartei, gewann. Mit Otto Hipp stellte sie in direkter Wahl auch den Oberbürgermeister.

Es war eine fundamentale Veränderung; sie führte binnen Kurzem dazu, dass die gesamte Stadtpolitik sich neu orientierte. Bisher hatte man sich zwecks Konservierung der bestehenden Strukturen bei Maßnahmen der Stadtentwicklung bewusst zurückgehalten; damit war jetzt Schluss. In großem Stil wurden, zum Beispiel, Eingemeindungen vorgenommen; im Jahr 1924 vergrößerte sich Regensburg auf einen Schlag um die nördlich der Donau benachbarten Orte Stadtamhof, Steinweg, Reinhausen, Sallern, Weichs, Schwabelweis sowie Ober- und Niederwinzer. Geradezu symbolisch war der Fall von Stadtamhof. Hier handelte es sich nicht um irgendein Dorf, sondern um eine eigenständige Stadt, und noch dazu um die, die über Jahrhunderte hinweg als exponierter Vorposten Bayerns gegenüber der Freien Reichsstadt Regensburg gegolten hatte. Sie einzugemeinden signalisierte demgemäß, dass die Konflikte und Konfrontationen der Vergangenheit endgültig überwunden waren, oder zumindest: dass sie überwunden werden sollten. Regensburg hatte jetzt fast 80 000 Einwohner.

So wie die Dinge lagen, schienen die Chancen einer weiteren Expansion und Modernisierung so günstig zu stehen wie seit langem nicht. Jedoch: Die hochgespannten Hoffnungen wurden wieder einmal zunichte, diesmal aufgrund der überaus ungünstigen Rahmenbedingungen. Die Jahre nach dem Ersten Weltkrieg gestalteten sich in ganz Deutschland, vor allem was die wirtschaftliche Situation anging, bekanntermaßen ausgesprochen schwierig, mit Inflation und Massenarbeitslosigkeit; nirgendwo konnte man große Sprünge machen. In Regensburg gab es alle möglichen hochfliegenden Pläne: Ein neuer, größerer Kanal zwischen Donau und Main sollte entstehen, der Industriehafen sollte erweitert, ein modernes Verkehrswegesystem aufgebaut, der Fremdenverkehr gefördert werden. Und nicht zuletzt: In großem Stil wollte man Wohnraum für die einfachen Leute schaffen. Viele von ihnen lebten immer noch in den uralten Häusern der Altstadt unter beengten und teilweise geradezu menschenunwürdigen Verhältnissen; man erkannte allmählich, dass hier eines der drängendsten Probleme Regensburgs überhaupt lag. All diese Pläne blieben jedoch weitgehend unausgeführt. Die Mittel, die nötig gewesen wären, um sie zu finanzieren, fehlten; und so ging der Fortschritt nach wie vor nur in kleinen und kleinsten Etappen voran – nicht, weil man nicht schneller wollte, sondern schlicht und einfach, weil man nicht schneller konnte.

Schlechte Zeiten für Regensburgs Stadtplaner und Stadtentwickler; noch schlechter freilich waren sie für die einfachen Leute. Wirtschaftliche Sorgen und Nöte verdunkelten die Gegenwart; genauso düster waren die Aussichten für die Zukunft. Kein Wunder, dass die Menschen sich scharenweise selbsternannten Hoffnungsträgern zuwandten, mochten sie noch so zweifelhaft sein. Die Nationalsozialisten und ihr Führer Adolf Hitler fanden immer mehr Zuspruch und Zulauf, in Regensburg wie überall. Wobei es durchaus eine Randbemerkung wert ist, darauf hinzuweisen, dass die allgemeine Begeisterung in Regensburg etwas geringer gewesen zu sein scheint als anderswo. Die Statistik spricht diesbezüglich eine deutliche Sprache: Bei den Wahlen zum Reichstag im März 1933 errangen die Nationalsozialisten deutschlandweit 43,9 Prozent, in Bayern 43,1 Prozent, in Regensburg nur 30,5 Prozent. Die Stadt, konservativ-katholisch geprägt, wie sie war, ließ sich von dem faulen Zauber offensichtlich nicht ganz so stark beeindrucken. Nicht dass es ihr geholfen hätte: Als die Nationalsozialisten an die Macht gekommen waren, dauerte es nicht lang, bis sie auch Regensburg „gleichgeschaltet" hatten. Der frei gewählte Oberbürgermeister Otto Hipp trat unter Druck zurück und wurde durch Otto Schottenheim ersetzt; bald waren die Linientreuen auch im Stadtrat komplett unter sich.

Die nationalsozialistische Stadtverwaltung brachte in Regensburg vieles in Bewegung, was über Jahre und teilweise

Besuch Adolf Hitlers in Regensburg am 22. Oktober 1933. Mit seinem Auftritt im Alten Rathaus und in dessen Festsaal knüpfte Hitler bewusst an die einstigen Besuche der Kaiser und Könige des Heiligen Römischen Reichs an.

Jahrzehnte hinweg, zumeist aus Geldmangel, liegen geblieben war; es ist sinnlos, diesen Tatbestand einfach zu leugnen. Die Industrialisierung machte einen Riesenschritt nach vorn: Ein Messerschmitt-Werk für die Flugzeugproduktion wurde angesiedelt. Annähernd 10 000 Arbeitsplätze entstanden. In großzügigem Stil wurde sozialer Wohnungsbau betrieben; am Stadtrand wuchsen zwei komplett neue Viertel empor, die „Schottenheimsiedlung" und die „Göring-Heim-Siedlung" (heute: Konradsiedlung und Ganghofersiedlung). In der Altstadt machte man sich an erste Maßnahmen zur Sanierung des teilweise stark verfallenen Hausbestands. Ein neues Rathaus verschaffte der Verwaltung mehr Platz. Ein zusätzlicher Donauübergang, die „Adolf-Hitler-Brücke" (heute: Nibelungenbrücke) wurde gebaut. Weitere Eingemeindungen – Großprüfening, Dechbetten, Ziegetsdorf – vergrößerten das Stadtgebiet; die Bevölkerung wuchs auf 90 000 Einwohner.

All das wurde möglich, weil plötzlich Geld in Hülle und Fülle vorhanden war. Der Staat machte bedenkenlos Schulden; die neuen Herren gingen davon aus, dass sie das fehlende Geld im Zug des nächsten Kriegs, den sie längst planten, problemlos wieder hereinbekommen würden. Regensburg profitierte davon in besonderer Weise; es war nämlich zu der zweifelhaften Ehre auserkoren, eine nationalsozialistische Musterstadt zu werden. Das hatte in erster Linie geografische Gründe: Regensburg war als Bastion und Ausgangspunkt einer expansiven Ostpolitik gedacht. Hinzu kam die Ideologie: Das „Dritte Reich" wollte an die Glanzzeiten des mittelalterlichen deutschen Reichs anknüpfen; und so wie Regensburg damals geblüht hatte, so sollte es jetzt erneut aufblühen …

Sämtliche Leistungen verkehren sich jedoch in ihr genaues Gegenteil, wenn man bedenkt, vor welchem Hintergrund sie erbracht wurden. Das herrschende Regime war ein Regime des Unrechts und des Verbrechens; das erwies sich auch in Regensburg. Auch hier diente alle Politik letztlich nur einem Ziel, nämlich der Vorbereitung des nächsten Kriegs. Auch hier verschwanden politische Gegner, Andersdenkende, Kritiker in Konzentrationslagern. Auch hier brannte 1938 eine Synagoge und mussten die jüdischen Einwohner sich in einem Schandmarsch durch die Stadt treiben lassen, ohne dass sich ein Finger rührte zu ihrer Hilfe. Auch von hier wurden geistig behinderte Menschen weggeschafft und umgebracht. Und auch von hier fuhren Transporte in die Vernichtungslager von Theresienstadt und Auschwitz.

SIMON OBERDORFER – OPFER DER NATIONALSOZIALISTEN
Die Dimensionen der nationalsozialistischen Verbrechen sind so unfassbar, dass man immer wieder konkrete Einzelschicksale betrachten muss, um tatsächlich begreifen zu können, was damals geschah. Simon Oberdorfer zum Beispiel, geboren 1872, war ein ehrbarer Bürger von Regensburg, modern und aufgeschlossen, lebhaft und umtriebig, Gründer des ersten Radfahrervereins, Besitzer eines der ersten Automobile, Erbauer des größten Veranstaltungssaals in der Stadt, des „Velodroms", Betreiber des ersten Kinos, kurz: ein allseits bekannter und beliebter Mann. Und er war Jude – das wurde ihm zum Verhängnis. Schon 1933 wurde er vorübergehend in Schutzhaft genommen; 1938 war er im Konzentrationslager Dachau inhaftiert. Nach seiner Freilassung verkaufte er sein Geschäft und verließ Regensburg, seine Heimatstadt. Mit Frau, Schwester und Schwager ging er an Bord des Schiffs „St. Louis", zur Auswanderung nach Übersee. Doch die USA ließen die Passagiere nicht einreisen; die „St. Louis" musste umkehren. Oberdorfer und die Seinen fanden eine neue Bleibe in den Niederlanden. Ein Jahr später fielen dort die Deutschen ein; die Flüchtlinge waren erneut Verfolgte. Im April 1943 wurden sie verhaftet und ins Vernichtungslager Sobibor deportiert. Simon Oberdorfer starb in der Gaskammer.

Nachdem die Nationalsozialisten den Zweiten Weltkrieg angezettelt hatten, bekam auch Regensburg die Auswirkungen bald zu spüren. Die Lebensbedingungen verschlechterten sich dramatisch. Im Jahr 1943 wurde die Stadt Ziel eines feindlichen Luftangriffs, das neu gebaute Messerschmitt-Werk in Schutt und Asche gelegt. Weitere Bombardierungen folgten, mit weiteren schweren Zerstörungen. Glück im Unglück: Die mittelalterliche Altstadt blieb weitgehend verschont – als eine von ganz wenigen in Deutschland. Im April 1945 näherte sich die

Fertigungshalle des Messerschmitt-Werks nach dessen Zerstörung durch einen Luftangriff. Der Angriff auf das Messerschmitt-Werk war der schwerste und folgenreichste, den Regensburg während des Zweiten Weltkriegs erleben musste; schließlich galt er dem aus kriegswirtschaftlicher Sicht wichtigsten Ziel, das die Stadt zu bieten hatte. – Foto: 18. August 1943.

amerikanische Armee Regensburg; die selbsternannten Verteidiger sprachen großspurig von Widerstand bis zum letzten Blutstropfen. Eine spontane Demonstration, die zur kampflosen Übergabe der Stadt aufrufen wollte, wurde gewaltsam aufgelöst; drei der Beteiligten, der Domprediger Dr. Johann Maier, der Bezirksinspektor Michael Lottner und der Lagerarbeiter Josef Zirkl, wurden als „Rädelsführer" verhaftet und hingerichtet – die letzten sinnlosen Opfer des nationalsozialistischen Wahnsinns. Wenige Tage später zogen die deutschen Truppen sich zurück; die Amerikaner rückten kampflos in Regensburg ein. Wieder hatte die Stadt Glück im Unglück; wieder blieb sie von Zerstörungen verschont. Glimpflicher als anderswo ging der Spuk zuende.

Die Kriegsfolgen waren gleichwohl schlimm genug. Allenthalben herrschten Hunger, Not und Elend. Große Mengen an Flüchtlingen und Heimatvertriebenen waren aufzunehmen und unterzubringen. Zu ihnen kamen Tausende von so genannten „displaced persons", aus den Konzentrationslagern befreite Häftlinge, Juden und Zwangsarbeiter, Deportierte und Evakuierte, die den Terror überlebt hatten und jetzt eine neue Heimat suchten. Insgesamt lebten zusätzlich zu den 90 000 Einwohnern von Regensburg vorübergehend bis zu 50 000 weitere Menschen am Ort; allein schon die organisatorischen Herausforderungen waren gewaltig. Bis die Neuankömmlinge integriert wurden oder weiterzogen, vergingen Jahre; erst um 1950 begann die Lage sich zu entspannen.

Damals machte sich im Westen Deutschlands bereits eine neue Dynamik bemerkbar; das später vielgerühmte „Wirtschaftswunder" setzte ein. In Regensburg war von ihm vorerst nicht viel zu spüren. Wieder einmal hinkte man der allgemeinen Entwicklung hinterher; wieder einmal waren äußere Faktoren dafür verantwortlich. Durch die Teilung Deutschlands und Europas nach 1945, durch den „Eisernen Vorhang", geriet die Stadt in eine ausgesprochene Randlage. Die Aussichten auf eine wirtschaftliche Erholung blieben bescheiden; ein Aufschwung war nirgends in Sicht. Regensburg stagnierte erneut und drohte komplett den Anschluss zu verlieren.

Die politisch Verantwortlichen innerhalb und außerhalb der Stadt erkannten schließlich, dass man gezielt nachhelfen musste, wenn Regensburg wieder auf die Beine kommen sollte. Eine jahrzehntelange staatliche Förderung begann; ihre Ergebnisse können sich im Rückblick durchaus sehen lassen. Ein neuer, größerer Industriehafen wurde angelegt, Straßen wurden gebaut, die Stadt wurde an das Autobahnnetz angebunden: Damit war eine moderne Infrastruktur geschaffen. Unternehmensansiedlungen folgten, besonders wichtig und bemerkenswert die von Siemens und BMW. Mit Verspätung wurde Regensburg, was es nie zuvor gewesen war: ein echter Industriestandort – und ein höchst moderner noch dazu. Die Zahl der Arbeitsplätze stieg, mit ihnen die Kaufkraft und die öffentlichen Einnahmen. In den 1980er-Jahren konnte man das höchste Wirtschaftswachstum sämtlicher Städte in ganz Deutschland verzeichnen. Die gewährte Förderung bezog sich freilich nicht nur auf ökonomische Dinge. Im Jahr 1967 wurde die Universität eröffnet; sie verhalf dem geistigen und kulturellen Leben zu einem ungeahnten Aufschwung. Die provinzielle

Atmosphäre, die der Stadt seit dem 19. Jahrhundert angehaftet hatte, verflüchtigte sich; Regensburg wurde zu einem Ort voller Aktivität und Attraktivität. Die Stadt begann auf ihr Umland auszustrahlen, mehr als sie es über Generationen hinweg getan hatte; sie stieg auf zum unbestrittenen Oberzentrum der gesamten Region Ostbayern. Aus heutiger Sicht betrachtet kann man sagen: Die letzten Jahrzehnte der Regensburger Geschichte waren – womit zunächst kaum jemand rechnen konnte – eine regelrechte Erfolgsgeschichte. Seit dem Fall des „Eisernen Vorhangs" 1989/90 und den anschließenden EU-Osterweiterungen liegt die Stadt auch ökonomisch wieder in der Mitte Europas und erneuert traditionelle, lange unterbrochen gewesene Kontakte; so spricht alles dafür, dass die Erfolgsgeschichte sich in der Zukunft fortsetzen wird.

Bei all diesem Fortschritt veränderte sich naturgemäß das Aussehen Regensburgs noch einmal in ganz entscheidender Weise. Seit dem 19. Jahrhundert war die Stadt immer weiter gewachsen; diese Tendenz setzte sich fort, freilich in ungleich größerem Ausmaß. Ständig entstanden neue Wohnviertel, Ge-

Fertigungshalle des BMW-Werks. Die vom Freistaat Bayern geförderte Ansiedlung von BMW in Regensburg in den 1980er-Jahren markiert definitiv den Aufstieg der Stadt zum modernen Wirtschafts- und Industriestandort.

Universität Regensburg. Mit seiner charakteristischen modernen Architektur und seiner großzügigen Weitläufigkeit setzt der Komplex der Universität in respektvoller Distanz einen interessanten Kontrapunkt zur mittelalterlichen Altstadt.

werbe- und Industriegebiete; um zusätzlichen Platz zu gewinnen, wurden noch einmal Orte aus dem Umland – Burgweinting, Harting, Irl, Oberisling, Graß – eingemeindet; die Bevölkerungszahl stieg bis in die Gegenwart auf 150 000 Einwohner an. Nicht immer fügte sich das Neue in Form und Struktur ohne Probleme in das Bestehende ein; insbesondere die Altstadt, die all die Jahrhunderte und zuletzt sogar den Zweiten Weltkrieg größtenteils unbeschadet überstanden hatte, war ernsthaft in Gefahr, den Sachzwängen der Modernisierung zum Opfer zu fallen. Es mussten erst diverse Bausünden begangen werden, bis in der Bevölkerung und bei den Verantwortlichen ein Umdenkungsprozess einsetzte. Man fing an, das Erbe von Regensburgs großer Vergangenheit nicht länger zu missachten, sondern zu schätzen und zu lieben. Die Altstadt wurde unter Denkmalschutz gestellt; planmäßig begann man, die alte Bausubstanz zu sanieren, möglichst behutsam und in jedem einzelnen Fall auf ihren Erhalt bedacht. Auch hier sind die inzwischen erreichten Ergebnisse aus heutiger Sicht als sehr respektabel zu bezeichnen.

REGENSBURGER ALTSTADTSANIERUNG

Die wahren Dimensionen der Regensburger Altstadtsanierung werden erst bei näherem Hinsehen erkennbar. In der Stadt gibt es an die 1000 denkmalgeschützte Gebäude. Ihre Sanierung dauert seit nunmehr gut 50 Jahren an. In dieser Zeit wurden verschiedene Sanierungsgebiete eingerichtet; insgesamt umfassen sie heute knapp zwei Drittel des Altstadtgebiets.

Soviel zur Quantität; nicht viel anders ist es bei der Qualität. Eine sorgfältige, denkmalpflegerisch orientierte Sanierung braucht ihre Zeit, insbesondere deshalb, weil vor den eigentlichen Sanierungsmaßnahmen aufwendige Voruntersuchungen notwendig sind. Zunächst wird der vorhandene Baubestand unter die Lupe genommen und die Entstehungszeit des Gebäudes geklärt, dann werden spätere Umbauten voneinander geschieden, erhaltene Details, zum Beispiel Fensterfassungen, Holzwände und -decken, Treppenhäuser, Wandmalereien, Bauplastik und so weiter gesichert (oder oftmals, weil nachträglich überdeckt, überhaupt erst freigelegt) und dokumentiert.

Gleichzeitig müssen technische Fragen geklärt werden: Wie ist der allgemeine Erhaltungszustand? Gibt es statische Probleme in Gestalt von Wänden, die sich gesetzt oder verzogen haben, von angefaulten Balken oder Ähnlichem?

Auf der Grundlage der gewonnenen Erkenntnisse wird im nächsten Schritt ein Sanierungskonzept erarbeitet. Es wird festgelegt, welche Maßnahmen im einzelnen zu treffen sind, wie die Räume zugeschnitten und genutzt werden können und vor allem: welche Kompromisse nötig und möglich sind zwischen den Interessen des Eigentümers und denen der Denkmalpflege – ein Punkt, der mitunter heftig diskutiert wird.

Erst wenn all diese Fragen beantwortet sind, beginnt die eigentliche Sanierung; und in ihrem Verlauf kann es durchaus passieren, dass ganz neue, ungeahnte Probleme auftauchen, die das mühsam erarbeitete Konzept wieder über den Haufen werfen. Wie gesagt: Eine sorgfältige Sanierung braucht einfach ihre Zeit.

Viel ist geleistet worden in der Stadt im Lauf der vergangenen Jahrzehnte – von amtlichen Stellen, von der Wirtschaft, vor allem aber von den Regensburgern selbst, durch Eigeninitiative und privates Engagement, auch durch viel Idealismus. Und so ist Regensburg heute eine Stadt, die allen Grund hat, stolz auf sich zu sein. Sie kann zurückblicken auf eine Geschichte, die so reichhaltig ist wie kaum irgendwo sonst, mit viel Licht und viel Schatten und allem, was dazwischen liegt. Nach langer Blüte und ebenso langer Stagnation ist sie jetzt wieder ganz auf der Höhe der Zeit, als Wirtschaftsstandort, als kulturelles Zentrum, als attraktiver Lebensraum, als moderne Großstadt. Gewiss: Ähnliches haben auch andere Städte zu bieten. Was im Fall von Regensburg hinzukommt, ist die nahezu perfekte Harmonie von Geschichte und Gegenwart, die auf den Straßen und Plätzen überall spürbar ist, für Einheimische und Fremde gleichermaßen. Oder um jenen mittelalterlichen Mönch aus dem Kloster St. Emmeram noch einmal zu bemühen: „Regensburg ist alt und neu zugleich". Genau das ist es, was die unvergleichliche Faszination dieser Stadt ausmacht.

Das Löschenkohl-Palais am Neupfarrplatz. Dem Laien fällt nach der Sanierung eines Hauses in der Regel nur die erneuerte und farblich aufgefrischte Fassade auf. Die meiste Arbeit und die meisten Kosten verbergen sich aber oftmals im Inneren, wo es darum geht, historischen Bestand, der von außen gar nicht sichtbar ist, zu erhalten. Dennoch: Die Sanierung der Fassade darf natürlich keinesfalls unterschätzt werden; schließlich prägt sie auf Dauer das Bild eines Platzes oder einer Straße. Dementsprechend sorgfältig ist auch hier die Vorgehensweise.

Vergangenheit + Gegenwart = Zukunft: Regensburg heute

Historische Phänomene und Prozesse erschließen sich in ihrem Gehalt und in ihrer Bedeutung für gewöhnlich erst dem späteren Betrachter. Der eigene Standpunkt muss außerhalb dessen liegen, was es zu beschreiben gilt; nur so kann die nötige Distanz entstehen, die Urteil und Beurteilung überhaupt erst möglich macht. Der Befund gilt im Großen wie im Kleinen – und somit auch in Regensburg. Die Gegenwart, das Leben einer modernen Stadt, besteht aus zahllosen Geschichten, ernsten und heiteren, wichtigen und banalen, sinnigen und unsinnigen. Aber Geschichte – ist damit nicht eigentlich etwas anderes gemeint? Etwas Weiteres, Umfassenderes? Tief ist der Brunnen der Vergangenheit. Wie seicht sind die Gewässer der Gegenwart?

So viel, immerhin, scheint festzustehen: Die Stadt Regensburg erlebte nach dem Zweiten Weltkrieg einen ungeahnten Aufschwung, in der Wirtschaft, im äußeren Erscheinungsbild, in der Lebenskultur. Und dieser Aufschwung geht aktuell kontinuierlich weiter. Wer die einschlägigen Statistiken zu Rate zieht, der gelangt von einer „Success Story" zur nächsten. Die Universität: nach fast 50 Jahren Entwicklung ein weithin bekannter und anerkannter Ort der Forschung und Lehre. Eine Einrichtung, die bewusst und zielstrebig ihr Profil schärft und konsequent die Möglichkeiten nutzt, die sich seit dem Fall des Eisernen Vorhangs und den EU-Osterweiterungen aufgetan haben. Eine „Brücke zum Osten" zu werden, in Anknüpfung an uralte Traditionen: Davon sprechen in Regensburg viele. Die Universität hat diese Brücke schon gebaut. Seit 1996 gibt es ein „Bohemicum", das intensive Kontakte ins Nachbarland knüpft. Und das „Europaeum" betreibt Ost-West-Studien in einem weiter gefassten Kontext. Die Universität als Ort europäischer Begegnung: Das passt perfekt in den Kontext eines zusammenwachsenden Erdteils.

Und noch auf einem anderen Feld hat die Universität – samt ihrem Klinikum und der benachbarten Fachhochschule – die Zeichen der Zeit erkannt. Forschung kann heute nicht mehr im selbstgewählten Elfenbeinturm verweilen, sondern muss nach außen gehen. Vor allem in den Naturwissenschaften sucht sie deshalb nach Anwendung und baut folgerichtig Kontakte auf zu denen, die auf ihre Ergebnisse dringend angewiesen sind – zu den ortsansässigen Unternehmen aus dem High-Tech-Bereich, für die Innovation schlicht die Existenzgrundlage ist.

Die Stadt Regensburg ihrerseits leistet bei diesem Networking die notwendige administrative Unterstützung. So sind Kooperationen entstanden – im Fachjargon spricht man von Clustern –, die Regensburg zu einem der interessantesten Wirtschaftsstandorte in ganz Deutschland gemacht haben. Beispiel Informationstechnologie: In den 1990er-Jahren entstand in einem ehemaligen Lagerhaus an der Donau der IT-Speicher; er bot jungen Unternehmensgründern ein ideales Umfeld, stellte günstige Büros und Infrastruktur bereit, ermöglichte Kontakte und Kommunikation. Seit 2016 gibt es als Nachfolgeeinrichtung das Innovationszentrum TechBase, das räumlich noch viel enger an die Universität angebunden ist; hier geht es inzwischen auch um andere Zukunftsbranchen wie Energietechnik, Elektromobilität, Sensorik und vieles mehr. Im Einzelfall wurden und werden in diesem Bereich erstaunliche Geschichten geschrieben – so die vom Regensburger IT-Security-Spezialisten Dallmeier Electronic, wo man das Video-Überwachungssystem für die Pyramiden von Gizeh konzipiert und implementiert hat ... Beispiel Biotechnologie: Im Jahr 1998 wurde, auch wieder in unmittelbarer Nachbarschaft zur Universität, der BioPark angelegt, ebenfalls ein Gründerzentrum und außerdem die Koordinierungsstelle der BioRegio Regensburg. Der BioPark hat bis heute 37 Firmen in ihrer Gründungsphase begleitet und in der BioRegio 2600 Arbeitsplätze entstehen lassen; damit ist diese die zweitwichtigste ihrer Art in ganz Bayern, in der Rangfolge direkt hinter München liegend. Der BioPark war in der kurzen Zeit seines Bestehens so erfolgreich, dass er bereits zweimal erweitert werden musste.

Zu den Start-ups kommen die klingenden Namen der etablierten Global Players, die in Regensburg wichtige Niederlassungen haben. BMW, Continental, E-ON, Infineon, Siemens, Osram, Toshiba, General Electric: Die Liste der Unternehmen ist lang und eindrucksvoll. Manche sind freilich nur Insidern bekannt. Die Maschinenfabrik Reinhausen (MR) zum Beispiel, ein Regensburger Traditionsbetrieb mit 100-jähriger Firmengeschichte, ist mit 50 Prozent Anteil am Weltmarkt unumstrittener Marktführer im Bereich Hochspannungstechnik. Alle zusammen tragen sie dazu bei, dass vom Wirtschaftsstandort Regensburg Zahlen zu vermelden sind, die aufhorchen lassen: Regensburg liegt deutschlandweit auf Platz 10 unter den Technologiestandorten. Regensburg ist unter den Top Twelve der Städte mit den besten Zukunftschancen. Regensburg erwirtschaftet ein Pro-Kopf-Bruttoinlandsprodukt, das um ein Drittel höher ist als das von München. Oder, kurz und knapp: Regensburg ist Nummer 3 der kreisfreien Städte in Deutschland, was ganz allgemein die ökonomische Performance angeht. Zahlen, die aufhorchen lassen insofern, als die Stadt, Studien zufolge, von außen immer noch in erster Linie mit Stichworten wie „Altstadt", „Steinerne Brücke", „Dom" und „Domspatzen" assoziiert wird. Regensburg als Zentrum von Innovation: Da gibt es noch viel Entwicklungspotenzial, in der Wertschöpfung genauso wie in der Wahrnehmung …

Wenn die Wirtschaft wächst, wächst mit ihr der Standort: Dieser Zusammenhang gilt auch in Regensburg. Für gewerbliche Zwecke werden in einem kontinuierlichen Prozess Gebiete am Stadtrand, die vor noch nicht allzu langer Zeit mehr oder weniger ausschließlich von der Landwirtschaft geprägt waren, planmäßig erschlossen, umgenutzt und bebaut. Die Stadtplanung versucht, in das Geschehen steuernd einzugreifen und Schwerpunkte zu setzen. So konzentrieren sich heute zahlreiche Firmenstandorte im Südosten; hier ist nicht nur ausreichend freier Platz vorhanden, sondern hier bündeln sich auch die Verkehrssysteme von Straße, Schiene und Wasser, die für eine zügige und reibungslose An- und Ablieferung sorgen. Ein anderes Projekt ist weit gediehen: die Schaffung einer „Dienstleistungsachse", die das Stadtgebiet von

Nord nach Süd durchquert: vom Gewerbepark und dem Donaueinkaufszentrum über die Altstadt und das Bahnhofsareal hin zur Fachhochschule, zur Universität und zum Klinikum. Gleich daneben zieht ein anderer echter Blickfang die Menschen in seinen Bann: das 2015 neu eröffnete Fußballstadion, die Continental-Arena. Quer zu dieser Dienstleistungsachse, in west-östlicher Richtung, dem Lauf der Donau folgend, erstreckt sich die „Freizeitachse" mit Naherholungsgebieten, Sportstätten, kulturellen Einrichtungen und anderem mehr. Die Schnittstelle beider Achsen bildet die Altstadt.

Es lohnt sich, bei diesem Befund kurz zu verweilen, denn er zeigt in aller Deutlichkeit, welch zentrale Rolle auch im 21. Jahrhundert die Altstadt im Gesamtorganismus „Regensburg" nach wie vor spielt. Das ist nicht unbedingt selbstverständlich; es gibt durchaus auch Städte, in denen das einstige Zentrum heute kaum mehr ist als eine historisch-touristische Kulisse und das wahre Leben sich längst anderswo abspielt. Und auch im Fall von Regensburg verschwindet bei einem ersten, flüchtigen Blick auf den Stadtplan das kleine Fleckchen Altstadt fast neben lauter Neubaugebieten. Doch die Erfahrung lehrt, dass dies tatsächlich rein quantitativ und keineswegs qualitativ zu sehen ist. Sicher, die Regensburger Altstadt, im Kriege weitgehend unzerstört, ausgestattet mit 1000 Einzeldenkmälern, ist auch ein touristischer Magnet; aber sie ist gleichzeitig viel mehr: der unbestrittene Lebensmittelpunkt der Regensburger. Wohnen, Arbeit, Freizeit: Alles ist hier auf engem Raum konzentriert; die Nutzungen mischen sich – ganz so, wie es auch schon in der Vergangenheit war, ganz so, wie sich nach Aussage von Experten der Phänotyp „Stadt" überhaupt definiert.

Die Regensburger Altstadt – ein Idealfall und Musterbeispiel lebendiger Urbanität? Eine Insel der Seligen? Manchen mag es fast so vorkommen; und die Faszination eines ganz gewöhnlichen Spaziergangs, bei dem man auf kurzen Wegen die europäische Architekturgeschichte in toto studieren, eine Shoppingtour unternehmen, die gefüllten Einkaufstüten schnell zu Hause abstellen, dann bei einem Cappuccino im Straßencafé die Sonne genießen und anschließend, nach Ende

Der Neupfarrplatz mit dem 2005 fertig gestellten „Ort der Begegnung" von Dani Karavan. Das aus feinsten Betonelementen gestaltete Relief greift exakt die Baulinien der darunter befindlichen originalen Fundamente der mittelalterlichen jüdischen Synagoge auf und lädt die Passanten zum Verweilen, Nachdenken und Kommunizieren ein – eine Einladung, die von vielen gerne wahrgenommen wird. Mit seiner bewusst modernen Formensprache schafft der „Ort der Begegnung" mitten im historischen Zentrum der Stadt einen markanten Kontrast von „alt und neu" und illustriert damit den Kern der Regensburger Identität.

der Mittagspause, wieder ins Büro zurückkehren kann, wird von den Bürgern als so selbstverständlich empfunden, dass sie kaum darüber nachdenken, wie privilegiert sie im Grunde sind. Doch Vorsicht ist geboten: Denn der Weg von der Fülle zur Überfrachtung ist nicht weit. Wenn die vielgerühmte „höchste Kneipendichte Deutschlands" umschlägt in banale nächtliche Ruhestörung; wenn die Kultur des sommerlichen Festefeierns mit schöner Regelmäßigkeit fast jedes Wochenende zu wahren Massenaufläufen führt; wenn das Verkehrsaufkommen trotz gutgemeinter Beruhigungsmaßnahmen eher zu- als abnimmt; wenn die Immobilienpreise fast schon Münchener Größenordnungen annehmen und spürbare Verdrängungsprozesse bei den Einwohnern in Gang setzen; wenn

Stimmen lauter werden, dass man sich als Regensburger mehr und mehr fremd in der eigenen Stadt fühle: Dann sind dies, zusammengenommen, Anzeichen dafür, dass die Belastbarkeit der Altstadt auch ihre Grenzen hat.

Immerhin: In Regensburg wird über diese Fragen lebhaft diskutiert – und zwar nicht nur in den Büros der Stadtplaner, sondern in der ganzen Breite der Stadtgesellschaft. Bürgerliches Engagement für die eigene Stadt hat einen hohen Stellenwert und wird zunehmend von den Lokalpolitikern nicht nur geduldet, sondern aktiv gefördert. Freilich: Wenn viele mitreden, dann ziehen sich manche Entscheidungsfindungsprozesse dementsprechend in die Länge. Abschreckendstes Beispiel: die in Regensburg seit mehr als 30 Jahren andauernde Diskussion über den Bau eines Kultur- und Kongresszentrums, einer Stadthalle. Bezeichnenderweise wird dabei kaum über deren prinzipiellen Sinn oder Nicht-Sinn gestritten; in dem Punkt sind sich die Regensburger mit großer Mehrheit einig. Unklar ist nur, wo der beste Standort zu finden ist, genauer gesagt: ob dieser in der Altstadt liegen sollte oder nicht. Beide Lager arbeiten im Grunde mit dem gleichen Argument: der Einzigartigkeit der Altstadt. Ja, sagen die einen, weil die Altstadt Regensburgs Alleinstellungsmerkmal sei, müsse eine Einrichtung, die Gäste aus aller Welt anziehen soll, mitten in ihr liegen – wo denn sonst? Nein, sagen die anderen, eben diese Einzigartigkeit müsse geschützt werden – und dazu gehöre ein respektvoller Umgang mit den bestehenden kleinteiligen Strukturen, die die Altstadt prägen ... Drei Bürgerentscheide hat es schon gegeben; Standorte wurden vorgeschlagen und wieder verworfen; wirklich ausgestanden ist die Sache nach wie vor nicht.

Dass eine offene Diskussion, an der sich viele beteiligen, aber durchaus auch konstruktiv geführt und mit überzeugenden Ergebnissen abgeschlossen werden kann, dafür liefert der Regensburger Neupfarrplatz ein Paradebeispiel. Als er, wie andere Plätze zuvor, Mitte der 1990er-Jahre umgestaltet werden sollte, kamen beim Austauschen des Bodenbelags wenige Zentimeter unter der Oberfläche die erstaunlich gut erhaltenen Überreste des mittelalterlichen jüdischen Viertels zutage, das 1519 im Zusammenhang mit der Vertreibung der Juden dem Erdboden gleichgemacht worden war. Man entschied sich für eine umfassende Grabung, in deren Verlauf 40 Keller freigelegt wurden sowie – eine echte Sensation – die Fundamente der Synagoge. Sofort tauchte die Frage auf, wie mit den Funden umzugehen sei; sie wurde in einer breiten Öffentlichkeit mit Sachverstand und Leidenschaft gleichermaßen höchst kontrovers ausgefochten. Am Ende stand die Entscheidung, einige Keller als unterirdisches Dokumentationszentrum dauerhaft zugänglich zu machen und die Synagogenreste mit einem modernen Kunstwerk, das die Baulinien der Fundamente aufnimmt, zu überbauen. Beide Elemente, das „document Neupfarrplatz" und der „Ort der Begegnung", haben den Neupfarrplatz nachhaltig aufgewertet; Besucher zeigen sich tief beeindruckt davon, wie unmittelbar Geschichte hier erlebbar wird.

Vielleicht kann der Neupfarrplatz und das, wofür er steht – der respektvolle Umgang einer Stadt mit ihrem Erbe, aber auch der Respekt im Umgang miteinander –, ein Modell für die Zukunft werden. Eines, das dringend benötigt wird! Denn im Juli 2006 ging bekanntlich ein jahrzehntelang gehegter Traum der Regensburger in Erfüllung: Ihre Stadt wurde von der UNESCO offiziell als Teil des Weltkulturerbes anerkannt. Regensburg steht jetzt in den Augen der ganzen Welt – den Einheimischen war es immer klar! – auf einer Stufe mit so illustren Einrichtungen wie den Pyramiden von Gizeh oder dem Tadsch Mahal in Indien. Die Reaktionen in der Stadt waren, verständlicherweise, enthusiastisch – und sind auch nach dem ersten Überschwang durchaus positiv geblieben. Andererseits ist im Lauf der Zeit allmählich zunehmend auch die Kehrseite der Medaille ins Bewusstsein gerückt: Die Umsetzung von Planungen und Projekten in größerem Stil, so wie beispielsweise die Gestaltung des Neupfarrplatzes eine gewesen ist, wird sich in Zukunft definitiv nicht einfacher, sondern eher noch komplizierter anlassen. Neben allen möglichen lokalen Interessengruppen und Entscheidungsträgern müssen ab jetzt nämlich auch diverse internationale Fachbehörden, die über die Weltbestätten und den korrekten Umgang mit ihnen wachen, in die erforderlichen Prozesse eingebunden werden. Dass hier ein Po-

tenzial besteht, zwecks eigener Profilbildung vielleicht einmal die eine Ebene gegen die andere auszuspielen – selbstverständlich immer geleitet von rein sachlichen, streng objektiven Beweggründen! –: Diese Gefahr ist in den ersten Jahren des Umgangs mit dem neuen Ehrentitel schon ab und an erkennbar geworden.

Sie besteht naturgemäß vor allem dann, wenn es um wirklich große Sachen geht. Die Steinerne Brücke zum Beispiel, Regensburgs wichtigster innerstädtischer Donauübergang, ist seit 2008 für jede Art von fließendem Verkehr gesperrt; die Belastungen waren für das Bauwerk, das im Wesentlichen immer noch original aus dem 12. Jahrhundert stammt, einfach zu groß geworden. Aktuell wird die Brücke in einem aufwändigen, streng an den Bedürfnissen der Denkmalpflege orientierten Verfahren, das insgesamt an die zehn Jahre dauern wird, saniert; danach wird sie weiterhin und auf Dauer nur Fußgängern offen stehen. Die Flaneure und die Touristen, die dann wieder, ungestört von Baugerüsten, den definitiv schönsten Blick auf das südliche Flussufer mit der Altstadt genießen können, freuen sich darüber natürlich. Die Bewohner von Stadtamhof und der anderen nördlich der Donau gelegenen Stadtteile sehen die Angelegenheit, ebenso verständlich, etwas prosaischer. Die Umwege in Richtung Zentrum sind für sie teilweise enorm – sollte man deshalb nicht über den Bau einer Ersatzbrücke nachdenken? Nur: Wo soll sie hin; wo fühlen sich keine Anwohner belästigt; wo wird die innerstädtische Natur am wenigsten geschädigt? Und vor allem: Wie verträgt sich eine moderne Brücke, die immerhin 300 Meter überspannen und deren Ende in das mittelalterlich verwinkelte Verkehrswegenetz integriert werden müsste, mit der historischen

◀ Besuch Papst Benedikts XVI. in Regensburg, September 2006. Der Papst blieb bei seinem Besuch komplette drei Tage in der Stadt. Auf dem Programm standen ein großer Gottesdienst unter freiem Himmel am südlichen Stadtrand, eine Rede vor geladenen Gästen an der Universität (die weltweit Aufsehen erregte!), ein feierlicher Gottesdienst im Dom, die Einweihung der „Papst-Orgel" in der Alten Kapelle, aber auch ein privater Tag, den der Papst ganz für sich mit seinem in Regensburg lebenden Bruder verbrachte.

Luftbild des Ensembles Regensburger Altstadt mit Stadtamhof von Norden.
Von oben gesehen erschließt sich dem Betrachter besonders gut der einzigartige Erhaltungszustand des Ensembles mit der dichtgedrängten Menge

seiner knapp 1000 Einzeldenkmäler. Als Ganzes zählt es seit 2006 zum Welterbe der UNESCO.

Altstadt – genauer gesagt: mit dem Welterbe-Status der historischen Altstadt? Kann es da Kompromisse geben? Oder macht das Wort „Welterbe" allein schon sämtliche Denk- und Planungsprozesse hinfällig? Wer muss, um solche Fragen zu beantworten, gehört werden? Wer ist letztlich befugt, eine Entscheidung zu treffen? Alles höchst komplexe Problemstellungen und keineswegs nur reine Gedankenspiele: Es soll ja durchaus Fälle – auch in Deutschland! – geben, in denen aufgrund diagnostizierten Fehlverhaltens der begehrte Titel wieder aberkannt wurde ...

Kurz und knapp: Der Titel bringt nicht nur Ruhm und Ehre, er enthält auch eine Verpflichtung. Die Verpflichtung nämlich, sich des Erbes würdig zu erweisen. Was das heißt? Respekt vor Dingen, gewiss: vor alten Bauwerken, vor Denkmälern, vor den Schätzen der Vergangenheit. Aber letztlich – und das ist eine noch tiefere Dimension – ist das Welterbe für die Menschen da; und auch hier geht es um Respekt: den Respekt vor Menschen. Was Welterbe ist, das gehört der ganzen Welt. Anders ausgedrückt: Im Welterbe ist die Welt, sind alle Menschen nicht zu Gast, sie sind hier bei sich, zu Hause. Ob sich wohl in Regensburg jeder der Konsequenzen schon voll und ganz bewusst ist? Integration von Migranten, aus welchen Motiven auch immer sie kommen und wie lange auch immer sie bleiben mögen; Weltoffenheit im besten und wahrsten Sinn: Wie steht es darum in Regensburg?

Es gibt gute Gründe für Optimismus in dieser Frage. Die Probe aufs Exempel folgte nämlich unmittelbar nach der Welterbe-Titelverleihung gewissermaßen auf dem Fuß. Im September 2006 kam Papst Benedikt XVI. zu Besuch nach Regensburg – der erste Papstbesuch seit 1000 Jahren! Und so wie dem Papst auf Schritt und Tritt anzumerken war, wie wohl, wie „daheim" er sich in der Stadt fühlte, in der er selbst lange gewohnt hatte und in der sein Bruder noch immer wohnt, so spürte man in ganz Regensburg eine Offenheit, eine Herzlichkeit, eine Heiterkeit, dass man auch selber gar nicht anders konnte als offen, herzlich und heiter zu sein. Regensburger und Gäste aus aller Welt, der feierliche Glanz katholischer Rituale, die ehrwürdige Kulisse der alten Stadt, darüber gespannt ein strahlend spätsommerlicher Himmel: Das war schon ein Gesamtkunstwerk der ganz besonderen Art.

Was Regensburg ist, was Regensburg sein kann, haben in den drei Tagen des Papstbesuchs viele Menschen unmittelbar gespürt – Einheimische und Gäste gleichermaßen. Bei ihnen ist seither das Interesse an der Stadt immer noch größer geworden; und wenn demnächst in Gestalt eines großen neuen Museums der Bayerischen Geschichte eine weitere überregionale Attraktion hinzukommt, werden die Faszination und die Begeisterung sicher weiter zunehmen. Kritik an zu viel Touristen? Man hört sie hier und da, gewiss. Aber Regensburg wird sich davon ganz sicher nicht ernsthaft aus der Ruhe bringen lassen. Wenn die Stadt ihre Identität behält und pflegt – bodenständig und weltoffen, selbstbewusst und tolerant, „alt und neu zugleich", so wie sie es immer war –, dann kann sie sich ihrer Zukunft ganz sicher sein. Man möchte es ihr von Herzen wünschen!

Zeittafel

ab 5000 v. Chr.	Entstehung von ersten kleinen Siedlungen im Regensburger Raum
ab 500 v. Chr.	Ansiedlung der Kelten
15 v. Chr.	Eroberung des Alpenvorlands bis zur Donau durch die Römer
um 40/50	möglicherweise Gründung eines ersten römischen Militärstützpunkts im Regensburger Raum
um 79/81	Gründung eines römischen Militärstützpunkts (Kohortenlager) im heutigen Stadtteil Kumpfmühl
um 170	Einfall der Markomannen ins Römische Reich; Zerstörung des Militärstützpunkts in Kumpfmühl
179	Gründung eines neuen römischen Militärstützpunkts (Legionslager)
um 230	Beginn der Alemanneneinfälle an der Donau
um 242/245	erste Zerstörung des römischen Militärstützpunkts
um 272/278	zweite Zerstörung des römischen Militärstützpunkts
358	dritte Zerstörung des römischen Militärstützpunkts
um 430	letzte Erwähnung von Regensburg („Castra Regina") in römischer Zeit
um 470	Abzug der letzten römischen Soldaten
551	erste Erwähnung der Bajuwaren/Bayern
555	Erwähnung des ersten bayerischen Herzogs Garibald
um 680/700	Wirken der drei Wander- und Missionsbischöfe Rupert, Emmeram und Erhard in Regensburg
um/nach 700	Entstehung der Alten Kapelle (herzogliche Pfalzkapelle), des Niedermünsters (Bischofskirche) und von St. Emmeram (Klosterkirche)
739	kanonische Gründung des Bistums Regensburg durch Bonifatius
um 770	erste mittelalterliche Erwähnung von Regensburg („Rataspona")
778	erste Erwähnung des Doms St. Peter
788	Absetzung des Herzogs Tassilo III. von Bayern durch Karl den Großen; erster Aufenthalt Karls des Großen in Regensburg
791–793	zweiter Aufenthalt Karls des Großen
nach 800	Umwandlung des Niedermünsters in ein adeliges Damenstift; Gründung des Obermünsters als zweites adeliges Damenstift

803	dritter Aufenthalt Karls des Großen
um 850	Neubau der Pfalz am Alten Kornmarkt durch König Ludwig den Deutschen
887–888	Bau einer zweiten Pfalz beim Kloster St. Emmeram durch Kaiser Arnulf von Kärnten
893	Schenkung des „Codex aureus" durch Arnulf von Kärnten an das Kloster St. Emmeram
914–918	Kämpfe um Regensburg zur Zeit König Konrads I.
um 920	Ummauerung der neu entstandenen westlichen Vorstadt durch Herzog Arnulf von Bayern
920–921	Kämpfe um Regensburg zur Zeit König Heinrichs I.
948	Erhebung Heinrichs, des Bruders von König Otto I., zum Herzog; Teilung der Besitzungen und Herrschaftsrechte von König und Herzog in Regensburg
953–955	Kämpfe um Regensburg zur Zeit König Ottos I.
973	Abtrennung Böhmens vom Bistum Regensburg unter Bischof Wolfgang; Gründung des Bistums Prag
975	Trennung der Personalunion zwischen dem Bischof von Regensburg und dem Abt des Klosters St. Emmeram durch Bischof Wolfgang
976	Kämpfe um Regensburg zur Zeit Kaiser Ottos II.
981	erste Erwähnung von Stadtamhof – erste Erwähnung eines Juden in Regensburg
983	Gründung des Klosters Mittelmünster St. Paul
997	Gründung des Klosters St. Vitus in Prüll
1002	Erhebung Herzog Heinrichs IV. von Bayern zum König Heinrich II. – Gewährung der Reichsunmittelbarkeit für die Stifte Obermünster und Niedermünster
um 1002/1007	Neubau der Alten Kapelle durch Heinrich II.
1009	Schenkung der Alten Kapelle durch Heinrich II. an das Bistum Bamberg
um 1010	Herstellung des „Sakramentars Heinrichs II."
um 1010/1020	erste Erwähnung eines jüdischen Viertels in Regensburg
um 1020	Herstellung des „Uta-Evangelistars" und des „Evangelistars Heinrichs II."
nach 1052	Abfassung der älteren „Translatio Sancti Dionysii Areopagitae"
um 1075	Niederlassung iroschottischer Wandermönche
um 1080	erste Erwähnung eines Stadtrechts von Regensburg
nach 1080	Abfassung der jüngeren „Translatio Sancti Dionysii Areopagitae"

1096	Zwangstaufe der Regensburger Juden im Vorfeld des Ersten Kreuzzugs
1109	Gründung des Klosters St. Georg in Prüfening
1135–1146	Bau der Steinernen Brücke
1147	Aufbruch König Konrads III. zum Zweiten Kreuzzug. Sammlung seines Heeres in Regensburg
1184	erste Erwähnung des Amts des Hansgrafen
1189	Aufbruch Kaiser Friedrich Barbarossas zum Dritten Kreuzzug. Sammlung seines Heeres in Regensburg
1205	erster Vertrag zwischen Herzog Ludwig I. von Bayern und Bischof Konrad IV. über die Stadtherrschaft in Regensburg
1207	Privileg König Philipps von Schwaben für die Bürgerschaft von Regensburg („Philippinum")
1213	zweiter Vertrag zwischen Herzog Ludwig I. und Bischof Konrad IV. über die Stadtherrschaft in Regensburg
1221	Auftreten der Franziskaner/Minoriten; Gründung des Klosters St. Salvator
1227	erste Erwähnung des Stadtrats
1229	Auftreten der Dominikaner; Gründung des Klosters St. Blasius
1244	Baubeginn am Alten Rathaus
1245	Privileg Kaiser Friedrichs II. für die Bürgerschaft von Regensburg („Fridericianum"). Aufstieg zur Freien Reichsstadt
1243	erste Erwähnung des Bürgermeisters
1244	erste Zunftordnung
1257	pfandweise Erwerbung des bischöflichen Propstgerichts durch die Freie Reichsstadt Regensburg
1273	Baubeginn am gotischen Dom
1280–1320	Ummauerung der neu entstandenen westlichen und östlichen Vorstädte
1287	Beschränkung der Amtszeit des Bürgermeisters auf ein Jahr
1295	Gewährung der Reichsunmittelbarkeit für das Kloster St. Emmeram
1305	erstes Vorkommen des Wappens der Freien Reichsstadt Regensburg
1307	erste Erwähnung der acht Wachten
1334	Beschränkung des Amts des Bürgermeisters auf Auswärtige

1349	Schutzbrief der Regensburger Bürgerschaft für die Regensburger Juden. Verhinderung eines antijüdischen Pogroms in Zeiten der Pest
1360	pfandweise Erwerbung des herzoglich-bayerischen Schultheißengerichts durch die Freie Reichsstadt Regensburg
1383–1407	Aufzeichnungen des „Runtinger-Buchs"
1408	pfandweise Erwerbung des herzoglichen Orts Stadtamhof durch die Freie Reichsstadt Regensburg
1429	Abschaffung des Amts des Bürgermeisters
1486	Auslösung der herzoglich-bayerischen Pfänder durch Herzog Albrecht IV.; freiwillige Unterwerfung Regensburgs unter seine Herrschaft
1491/92	Verhängung der Reichsacht durch Kaiser Friedrich III. über Regensburg und Herzog Albrecht IV.
1492	Verzicht Herzog Albrechts IV. auf Regensburg; Wiederherstellung der Freien Reichsstadt
1496	Vertrag zwischen Herzog Albrecht IV. und der Freien Reichsstadt Regensburg: Abgrenzung der beiderseitigen Befugnisse – Verleihung des Stadtrechts an Stadtamhof durch Herzog Albrecht IV.
1499	Einsetzung eines Reichshauptmanns in der Freien Reichsstadt Regensburg durch König Maximilian
1500	Erlass der Regimentsordnung für die Freie Reichsstadt Regensburg durch König Maximilian
1519	antijüdisches Pogrom: Vertreibung der Regensburger Juden; Zerstörung von Ghetto und Synagoge; Errichtung der Wallfahrtskirche zur „Schönen Maria"
1523	Auftauchen protestantischen Gedankenguts in Regensburg
1538	Einstellung der Bauarbeiten am gotischen Dom
1540	Fertigstellung der Neupfarrkirche
1541	Regensburger Religionsgespräch
1542	offizielle Einführung des Protestantismus in der Freien Reichsstadt Regensburg
1556	Erlass der Kirchenregimentsordnung für die Freie Reichsstadt Regensburg
1587	Gründung des Klosters St. Paul der Jesuiten
ab 1594	Abhaltung von Reichstagen ausschließlich in Regensburg
1613	Gründung des Klosters St. Matthias der Kapuziner

1626	Ankunft zahlreicher protestantischer Exulanten aus Oberösterreich und Linz, darunter der Astronom Johannes Kepler samt seiner Familie
1627–1631	Errichtung der Dreieinigkeitskirche
1633	Eroberung Regensburgs durch schwedische Truppen im Dreißigjährigen Krieg
1634	Rückeroberung Regensburgs durch kaiserliche Truppen
1641	Gründung des Klosters St. Joseph der Karmeliten
1651	Beschränkung des Zugangs zum Bürgerrecht ausschließlich auf Protestanten
1652	Gründung eines Ball- und Komödienhauses
1663	Beginn des Immerwährenden Reichstags
ab 1748	Anwesenheit der Fürsten von Thurn und Taxis als Prinzipalkommissare am Immerwährenden Reichstag
1779–1781	Anlegung der Fürst-Anselm-Allee
1786	Besuch Johann Wolfgang von Goethes
1790	Gründung der Botanischen Gesellschaft – Besuch von Wolfgang Amadeus Mozart
1794	Besuch Joseph Haydns
1796	drohende Eroberung Regensburgs durch französische Truppen im Revolutionskrieg
1800	Eroberung Regensburgs durch französische Truppen
1802	Umwandlung der Freien Reichsstadt Regensburg einschließlich des Machtbereichs des Bischofs und der drei Klöster St. Emmeram, Niedermünster und Obermünster in das Fürstentum Regensburg unter Karl Theodor von Dalberg
1804–1806	Umgestaltung der Fürst-Anselm-Allee zum Park
1806	Ende des Heiligen Römischen Reichs Deutscher Nation und des Immerwährenden Reichstags
1809	Schlacht um Regensburg zwischen den Franzosen unter Napoleon und den Österreichern
1810	Übergang des Fürstentums Regensburg an das Königreich Bayern – Stationierung von bayerischer Infanterie
1818	Eingemeindung von Kumpfmühl
1833–1861	Betreibung einer Seidenplantage zur Seidenraupenzucht in Regensburg
1845	Fertigstellung des Ludwig-Donau-Main-Kanals

um 1850	Umschwung des Kräfteverhältnisses zwischen Protestanten und Katholiken in der Bürgerschaft zugunsten der Katholiken
1857	Bau eines Gaswerks
1859	Anschluss Regensburgs an das Eisenbahnnetz
1869	Einführung einer Gebühr zum Erwerb des Bürgerrechts in Regensburg
1873–1875	Bau eines städtischen Wasserwerks
1883–1888	Neubau des Südflügels am Schloss der Fürsten von Thurn und Taxis
1889	Bau einer städtischen Schwemmkanalisation
1900	Bau eines Elektrizitätswerks
1903	Eröffnung der Straßenbahn
1904	Eingemeindung von Prüll
1906	Einführung einer städtischen Müllabfuhr
1909	Stationierung von bayerischer Kavallerie
1910	Eröffnung des Luitpoldhafens (heute: Westhafen)
1911	Herabsetzung der Bürgerrechtsgebühr in Regensburg
1916	Abschaffung der Bürgerrechtsgebühr in Regensburg
1918	Revolution in Regensburg nach dem Ersten Weltkrieg; Bildung eines Arbeiter- und Soldatenrats – Gründung der Bayerischen Volkspartei in Regensburg
1919	Umschwung des Kräfteverhältnisses zwischen liberaler und katholisch-konservativer Partei im Stadtrat durch den Sieg der Bayerischen Volkspartei
1924	Eingemeindung von Stadtamhof, Steinweg, Reinhausen, Sallern, Weichs, Schwabelweis, Nieder- und Oberwinzer
1933	„Gleichschaltung" Regensburgs durch die Nationalsozialisten
1933–1943	Bau der „Schottenheimsiedlung" (heute: Konradsiedlung)
1935–1938	Bau des Neuen Rathauses und der „Adolf-Hitler-Brücke" (heute: Nibelungenbrücke)
1936	Gründung des Messerschmitt-Flugzeugwerks
1937–1943	Bau der „Göring-Heim-Siedlung" (heute: Ganghofersiedlung)
1938	Eingemeindung von Großprüfening, Dechbetten und Ziegetsdorf – Zerstörung der neuen jüdischen Synagoge durch die Nationalsozialisten

1943	Zerstörung des Messerschmitt-Werks durch einen Luftangriff im Zweiten Weltkrieg
1945	Demonstration zur kampflosen Übergabe Regensburgs an die heranrückenden amerikanischen Truppen; Hinrichtung der „Rädelsführer" Dr. Johann Maier, Michael Lottner und Josef Zirkl; Rückzug der deutschen Truppen; Einmarsch der Amerikaner
1950	Ansiedlung des Siemens-Werks
1962	Eröffnung des Osthafens
1967	Eröffnung der Universität Regensburg
1971	Anschluss Regensburgs an das Autobahnnetz
1973	Ausweisung der Regensburger Altstadt als Ensemble im Sinn des Denkmalschutzes
1977	Eingemeindung von Burgweinting, Harting, Irl, Oberisling und Graß
1986	Ansiedlung des BMW-Werks
1992	Eröffnung des Rhein-Main-Donau-Kanals
1995	750 Jahre Freie Reichsstadt Regensburg
1998	250 Jahre Thurn und Taxis in Regensburg
2000	„Fest der Bayern" in Regensburg
2001	Eröffnung des IT-Speichers und des BioParks Regensburg
2004/05	Bewerbung Regensburgs zur „Kulturhauptstadt Europas 2010"
2006	Aufnahme Regensburgs in die Liste des UNESCO-Welterbes
	Besuch Papst Benedikts XVI. in Regensburg
2009	1000 Jahre Kumpfmühl – 900 Jahre Prüfening
2010	200 Jahre Übergang Regensburgs an Bayern
2010–2018	Sanierung der Steinernen Brücke
2015	Eröffnung des neuen Fußballstadions
2019	Eröffnung des Museums „Haus der Bayerischen Geschichte"

Literatur

Die Literatur zum Thema „Regensburger Geschichte" ist in letzter Zeit immer umfangreicher und zumindest für den Laien geradezu unüberschaubar geworden. Für jeden Geschmack und jede Interessenlage ist etwas geboten; die Palette reicht von populären Werken bis zu hochwissenschaftlichen Spezialuntersuchungen. Sie allesamt aufzulisten ist nicht das Ziel dieses Literaturverzeichnisses; es erhebt somit auch in keiner Weise Anspruch auf Vollständigkeit. Eher versteht es sich als Anregung für weitere Lektüre; deshalb führt es vor allem Werke auf, die zwar einerseits den Inhalt des vorliegenden Buchs vertiefen, andererseits aber nicht allzu speziell werden. Insgesamt ist es vom Verfasser mit dem gleichen „Mut zur Lücke" konzipiert worden wie die „Kleine Regensburger Stadtgeschichte" als solche.

Albrecht, Dieter: Regensburg im Wandel. Studien zur Geschichte der Stadt im 19. und 20. Jahrhundert, Regensburg 1984 (Studien und Quellen zur Geschichte Regensburgs 2)

Ders. (Hg.): Zwei Jahrtausende Regensburg, Regensburg 1979 (U.R. Schriftenreihe der Universität Regensburg 1)

Angerer, Birgit: Gut und Geld. Wirtschaftliche Entwicklung in Regensburg, Regensburg 2000

Angerer, Martin / Wanderwitz, Heinrich (Hgg.): Regensburg im Mittelalter, 2 Bde., Regensburg 1995/98

Barbey, Rainer / Petzi, Erwin (Hgg.): Kleine Regensburger Literaturgeschichte, 2014

Bauer, Karl: Regensburg. Aus Kunst-, Kultur- und Alltagsgeschichte, Regensburg ^{6}2014

Birkenseer, Karl: Papst Benedikt XVI. in Regensburg. Erinnerungen an ein Jahrtausendereignis, Regensburg 2006

Bischoff, Bernhard (Hg.): Arbeo Bischof von Freising, Leben und Leiden des heiligen Emmeram, München 1953, ND Regensburg 1985

Böcker, Heidemarie: Regensburg – Ein Stadtführer, Regensburg ^{6}2011

Borgmeyer, Anke / Hubel, Achim / Tillmann, Andreas / Wellnhofer, Angelika: Stadt Regensburg. Ensembles – Baudenkmäler – Archäologische Denkmäler, Regensburg 1997 (Denkmäler in Bayern III 37)

Brielmeier, Peter / Moosburger, Uwe: Regensburg – Metropole im Mittelalter, Regensburg 2007

Bungert, Hans (Hg.): 1250 Jahre Bistum Regensburg, Regensburg 1989 (U.R. Schriftenreihe der Universität Regensburg 16)

Dallmeier, Martin / Schad, Martha: Das Fürstliche Haus Thurn und Taxis. 350 Jahre Geschichte in Bildern, Regensburg 1996

Dietz, Karlheinz / Fischer, Thomas: Die Römer in Regensburg, Regensburg 1996

Dietz, Karlheinz / Waldherr, Gerhard (Hgg.): Berühmte Regensburger. Lebensbilder aus zwei Jahrtausenden, Regensburg 1997

Dünninger, Eberhard: Regensburg – Das Bild der Stadt im Wandel der Jahrhunderte, Amberg 1995

Eiser, Peter / Schießl, Günter: Kriegsende in Regensburg – Revision einer Legende, Regensburg 2012

Emmerig, Thomas (Hg.): Musikgeschichte Regensburgs, Regensburg 2006

Färber, Konrad / Klose, Albrecht / Reidel, Hermann (Hgg.): Carl von Dalberg, Erzbischof und Staatsmann (1744–1817), Regensburg 1994

Freitag, Matthias: Regensburger Straßennamen. Von Abensstraße bis Zwerchpaintstraße, Regensburg 1997

Fürnrohr, Walter: Der Immerwährende Reichstag zu Regensburg. Das Parlament des Alten Reichs, Regensburg/Kallmünz 1987

Hable, Guido: Geschichte Regensburgs. Eine Übersicht nach Sachgebieten, Regensburg 1970 (Studien und Quellen zur Geschichte Regensburgs 1)

Halter, Helmut: Stadt unterm Hakenkreuz. Kommunalpolitik in Regensburg während der NS-Zeit, Regensburg 1994 (Regensburger Studien und Quellen zur Kulturgeschichte 1)

Hausberger, Karl: Geschichte des Bistums Regensburg, 2 Bde., Regensburg 1989

Heigl, Peter: Regensburg privat. Von Albertus Magnus bis Oskar Schindler. Ein Gang durch die Stadt, Regensburg 1997

Hiley, Ann: Regensburg – A Short History, Regensburg 2013

Hubel, Achim/Schuller, Manfred: Der Dom zu Regensburg (Die Kunstdenkmäler von Bayern, 5 Bde.), Regensburg 2013–2016

Kätzel, Ute/Schrott, Karin (Hgg.): Regensburger Frauenspuren. Eine historische Entdeckungsreise, Regensburg 1995

Kick, Wilhelm: Sag es unseren Kindern. Widerstand 1933–1945. Beispiel Regensburg, Berlin/Vilseck 1985

Kluger, Martin: Regensburg – Stadtführer durch das mittelalterliche Weltkulturerbe, Regensburg 2006

Kolmer, Lothar/Wiedemann, Fritz (Hgg.): Regensburg – Historische Bilder einer Reichsstadt, Regensburg 1994

Kraus, Andreas/Pfeiffer, Wolfgang (Hgg.): Regensburg – Geschichte in Bilddokumenten, München 1979

Moosburger, Uwe/Morsbach, Peter: Regensburg und Europa im Mittelalter – Wege der Architektur, Regensburg 2009

Moosburger, Uwe/Sauerer, Angelika: Regensburg – Lebenslinien einer Stadt, Regensburg 2012

Möseneder, Karl (Hg.): Feste in Regensburg von der Reformation bis in die Gegenwart, Regensburg 1986

Morsbach, Peter/Brandl, Anton J.: Kunst in Regensburg, Regensburg 1995

Museen der Stadt Regensburg/Evangelisch-Lutherische Kirche in Regensburg (Hgg.): 450 Jahre Evangelische Kirche in Regensburg 1542–1992 [Ausstellungskatalog], Regensburg 1992

Schmid, Alois: Regensburg. Reichsstadt – Fürstbischof – Reichsstifte – Herzogshof, München 1995 (Historischer Atlas von Bayern, Teil Altbayern 60)

Schmid, Peter (Hg.): Geschichte der Stadt Regensburg, 2 Bde., Regensburg 2000

Ders.: Regensburg – Stadt der Könige und Herzöge im Mittelalter, Kallmünz 1977 (Regensburger Historische Forschungen 6)

Schiener, Anna: Kleine Geschichte der Oberpfalz, Regensburg ²2016

Schöller, Bernadette: Regensburg ganz nah, Regensburg 2011

Sedlmeier, Anton/Vossen, Joachim (Hgg.): Stadtatlas Regensburg, Regensburg 2006

Stadt Regensburg (Hg.): Regensburg im Fokus – 70 Jahre Stadtentwicklung aus der Vogelperspektive, Regensburg 2010

Stadt Regensburg (Hg.): „Stadt und Mutter in Israel". Jüdische Geschichte und Kultur in Regensburg, Regensburg 1989 (Ausstellungskataloge zur Regensburger Geschichte 2)

Stadt Regensburg, Planungs- und Baureferat (Hg.): 40 Jahre Altstadtsanierung in Regensburg – eine Zwischenbilanz. Eine Dokumentation der Stadt Regensburg, Regensburg 1995

Stadt Regensburg, Kulturreferat und Museen (Hgg.): Neupfarrplatz Regensburg – document, Kirche, Denkmal, Regensburg 2005
Trapp, Eugen: Welterbe Regensburg. Ein kunst- und kulturgeschichtlicher Führer zur Altstadt Regensburg mit Stadtamhof, Regensburg 2008
Unger, Klemens/Weig, Julia (Hgg.): Regensburg – Leben im 19. Jahrhundert, Regensburg o. J.
Unger, Klemens/Styra, Peter/Neiser, Wolfgang (Hgg.): Regensburg zur Zeit des Immerwährenden Reichstags. Kulturhistorische Aspekte einer Epoche der Stadtgeschichte, Regensburg 2013
Waldherr, Gerhard H.: Römisches Regensburg – ein historischer Stadtführer, Regensburg 2015
Wittmer, Siegfried. Regensburger Juden. Jüdisches Leben von 1515 bis 1990, Regensburg 1996 (Regensburger Studien und Quellen zur Kulturgeschichte 6)

Neben diesen modernen Werken seien hier noch einige von den „Klassikern" der Regensburg-Literatur aufgeführt. Sie spiegeln zwar nicht den heutigen Stand der Forschung, liefern aber wegen der Fülle ihres Materials nach wie vor eine Menge an unschätzbaren Informationen.

Gemeiner, Carl Theodor: Regensburgische Chronik, 4 Bde., Regensburg 1800–1828, ND, hg. von Heinz Angermeier, Regensburg 1971/87
Gumpelzhaimer, Christian Gottlieb: Regensburg's Geschichte, Sagen und Merkwürdigkeiten von den ältesten bis auf die neuesten Zeiten, 4 Bde., Regensburg 1830–1838, ND Regensburg 1984
Kayser, Albrecht Christoph: Versuch einer kurzen Beschreibung der Kaiserlichen freyen Reichsstadt Regensburg, Regensburg 1797, ND Regensburg 1995
Walderdorff, Hugo Graf von: Regensburg in seiner Vergangenheit und Gegenwart, Regensburg/New York/Cincinnati 41896, ND Regensburg 1973

Register

Ortsregister (allgemein)

Ein Stichwort „Regensburg" taucht in vorliegendem Ortsregister mangels Aussagewert nicht auf. Einzelne Örtlichkeiten innerhalb Regensburgs (Häuser, Kirchen, Stadtteile, Straßennamen und so weiter) sind zwecks Übersichtlichkeit in einem eigenen Register aufgeführt.

Aachen 49f.
Alpen/Alpenvorland 14, 16, 51, 66, 165
Amerika 96
Athen 63
Atlantik 96
Augsburg 20, 29ff., 66, 132
–, Lechfeld 66
Auschwitz, Konzentrationslager 145
Balkan 48, 94
Bamberg 53, 166
Bayern 36–41, 44–52, 55, 59, 63, 74f., 77, 94, 97, 100f., 105, 108, 110f., 115, 123, 125, 129, 135, 141ff., 148, 154, 166–170
–, Ostbayern 148
Böhmen 14, 21f., 39, 48, 57, 67, 111, 153, 166
Bologna 67
Bosporus 66
Breslau 135
China 66
Dachau, Konzentrationslager 145
Deutschland 9, 49, 55, 60, 62f., 70, 88f., 93, 120, 122, 141f., 146ff., 154f., 157, 161
–, deutsches Reich/Heiliges Römisches Reich 9, 50, 63, 77, 98, 104, 106, 109, 113–118, 122–125, 128, 143, 145, 169
–, „Drittes Reich" 144
–, Süddeutschland 9
Donau 11, 13–25, 27, 29f., 32, 37, 40f., 43, 60, 65f., 69, 80ff., 94, 97, 99f., 130, 136f., 142, 144, 154, 156, 159f., 161, 165
Eining (Niederbayern) 22
England 118, 124

Erfurt 126
Europa 36, 48, 55f., 58, 65, 70ff., 120, 124f., 128, 147, 149, 153, 170
Flandern 67
Franken, Fränkisches Reich 44f., 48
–, Ostfränkisches Reich 49f.
–, Westfränkisches Reich 56, 58
Franken (Region) 50
Frankfurt am Main 129
Frankreich 20, 45, 49, 124ff.
Freising (Oberbayern) 47
Gizeh 154, 159
Gögging, Bad (Niederbayern) 29
Gorze, Kloster (Lothringen) 57
Hannover 118
Hirsau, Kloster (Württemberg) 60
Indien 66, 159
Ingolstadt 15, 134
Italien 14, 16, 20, 22, 66ff., 70
Karlsbad 14
Kelheim (Niederbayern) 15
Kiew 66f.
Kleinasien 94
Köln 70
Konstantinopel/Istanbul 66, 94
Krakau 67
Landshut (Niederbayern) 93, 134
Linz 113, 169
Lucca 67
Mailand 68
Mainz 125f.
Manching (Oberbayern) 15
München 56, 77, 93, 130, 135, 154f.
Naab (Zufluss der Donau) 13, 18, 20, 24, 29f.
Niederlande 145
Nürnberg 93, 132
Österreich 94, 104, 111, 124, 130, 140, 169
Orient 67f.
Paris 71
Passau 37, 47
Pfullingen (Württemberg) 57
Polen 118
Prag 57, 67f., 166
Preußen 124
Rätien, römische Provinz 17, 20, 29, 31f.

176

Regen (Zufluss der Donau) 18, 20, 22, 24f., 41
Rhein 17ff., 24f., 32
Römisches Reich 11, 17, 20f., 28, 32–37, 42f., 65, 165
Rom 47, 53, 63
Russland 67
Sachsen 50, 118
Sagan (Schlesien) 113
Salzburg 44, 47
Schlesien 113
Schwaben 47, 74, 167
Schwarzes Meer 66
Schwarzwald 60
Sobibor, Konzentrationslager 145
Spanien 20
Straubing (Niederbayern) 22
Tadsch Mahal 159
Theresienstadt, Konzentrationslager 145
Toscana 67
Trier 26, 57
 –, Kloster St. Maximin 57
Ukraine 66f.
Ungarn 51, 65, 94
USA 145, 171
Venedig 66f.
Versailles, Schloss 118
Weimar 126
Wels 104
Wien 68, 140
Worms 126

Ortsregister (Regensburg)

Allee 120ff., 138, 140, 169
Bahnhof 136, 140, 156
Bischofshof 46, 77, 79, 106
BioPark, BioRegio 155, 171
Brücken:
 – Eiserner Steg 14, 16
 – Nibelungenbrücke 144, 170
 – Steinerne Brücke 70, 73, 80, 99f., 155, 159f., 167
Burgfrieden 99
Donaueinkaufszentrum 155
Gewerbepark 155
Häuser/Hausnamen:
 – Bräunelhaus 69
 – Goliathhaus 69, 81
 – Grieb 81
 – Neue Waag 109
 – Römling 81
 – „Theresienruhe" 121
Häfen:
 – Industriehafen 142, 147, 171
 – Luitpoldhafen 136, 170
Hochschulen:
 – Fachhochschule 154, 156
 – Klinikum 154, 156
 – Universität 148f., 153f., 156, 161, 171
IT-Speicher 154, 171
Jüdisches Regensburg:
 – „document Neupfarrplatz" 159
 – jüdisches Viertel 88, 104–107, 158, 166, 168
 – „Ort der Begegnung" 157, 159
 – Synagoge des Mittelalters 89, 104ff., 157f., 168
 – Synagoge des 19./20. Jahrhunderts 145, 171
 – Thoraschule 88
Kanäle:
 – Ludwig-Donau-Main-Kanal 136, 170
 – Rhein-Main-Donau-Kanal 171
Kirchen:
 – Alte Kapelle 41, 44, 46, 50, 52ff., 161, 165f.
 – Dreieinigkeitskirche 111f., 169
 – Mittelmünster 58, 166, 169
 – Neupfarrkirche 107f., 110, 168
 – Niedermünster 45f., 56, 58, 79, 106, 125, 165f., 168f.
 – Obermünster 49, 58, 79, 106, 125, 166–169
 – Schöne Maria s. Neupfarrkirche
 – St. Blasius (Dominikaner) 71, 167
 – St. Emmeram (Benediktiner) 45ff., 50, 52, 56–60, 79, 81, 106, 125, 138f., 151, 165–169
 – St. Georg (Benediktiner, in Prüfening) 45, 167
 – St. Ignaz (Stift) 110
 – St. Jakob (Schotten) 62
 – St. Joseph (Karmeliten) 111, 169
 – St. Matthias (Kapuziner/Klarissen) 111, 169
 – St. Oswald (Stift) 110
 – St. Paul (Jesuiten) s. Mittelmünster
 – St. Peter (Dom) 46, 70, 73, 77, 81, 83, 95f., 104, 106, 155, 161, 165, 166ff.

- St. Rupert (Pfarrkirche Obere Stadt) 89
- St. Salvator (Minoriten) 71, 167
- St. Ulrich (Pfarrkirche Untere Stadt) 81
- St. Vitus (Benediktiner/Kartäuser, in Prüll) 81, 166

Kultur- und Kongresszentrum 158
Pfalz 41f., 46, 48ff., 52, 77, 100, 125, 166f.
Plätze s. Straßen/Plätze
„Rataspona" 15f., 25, 165
Rathaus, Altes 78, 86, 89, 103, 116f., 143, 167
–, Neues 144, 170
Regensburger Bucht/Regensburger Raum 13, 15–22, 24, 30, 32, 24, 38, 165
„Römerturm" 41
Römisches Regensburg:
- Militärstützpunkt um 40/50 20, 27, 165
- Militärstützpunkt Kumpfmühl 19, 22f., 26, 29, 165
- –, Donausiedlung 18f.
- –, „vicus" 20, 30
- Militärstützpunkt „Castra Regina" 24f., 165
- –, „canabae legionis" 30
- –, Lager an der Naabmündung 29f.
- –, Merkurheiligtum am Ziegetsberg 31f.
- –, „porta praetoria" 26ff.
- –, „vicus" an der Naabmündung 30

Schiffsanlegestelle Eiserner Steg 14, 16, 30
Schloss Thurn und Taxis 138ff., 170
Siedlungen:
- Ganghofersiedlung 144, 170
- Konradsiedlung 144, 170

Stadtteile:
- Altstadt 13, 27, 69, 80, 136, 142, 144, 146, 149f., 155–161, 171
- Burgweinting 149, 171
- Dechbetten 144, 170
- Graß 149, 171
- Harting 32f., 149, 171
- Irl 149, 171
- Kumpfmühl 14, 19, 22f., 26, 29, 139, 166, 169ff.
- Niederwinzer 142, 170
- Oberisling 149, 171
- Oberwinzer 170
- Prüfening/Großprüfening 29, 144, 166, 170f.
- Prüll 139, 166, 169f.
- Reinhausen 25, 142, 155, 170
- Sallern 142, 170
- Schwabelweis 142, 170
- Stadtamhof 15, 70, 97, 99ff., 130, 142, 161, 166, 168, 170
- Steinweg 142, 170
- Weichs 142, 170
- Ziegetsdorf 144, 170

Straßen/Plätze:
- Ägidienplatz 128
- Alter Kornmarkt 41f., 45f., 50, 52, 73, 77, 100, 106, 166
- Arnulfsplatz 21
- Augsburger Straße 14
- Augustenstraße 30
- Bismarckplatz 21, 128
- Dachauplatz 12
- Donaustraße s. Keplerstraße
- Grünes Gässchen 81
- Haidplatz 69, 73, 109
- Hochweg 13
- Hundsumkehr 81
- Keplerstraße 113, 133
- Kumpfmühler Straße 14
- Neupfarrplatz 89, 95, 104, 152, 157ff.
- Nonnenplatz 30
- Schelmengraben 14
- Straubinger Straße 13
- Wahlenstraße 70, 82
- Watmarkt 69
- Weinlände 81
- Weinmarkt 81

Theater 30, 118, 120, 127f.
Velodrom 145
Vitusbach 81, 137
Winzerer Höhen 14
Wirtshäuser:
- Blaue Lilie 80
- Drei Mohren 80
- Goldener Bär 80
- Silberner Kranz 80

Wöhrd, Oberer 99
–, Unterer 100
Ziegetsberg 14, 20, 30f., 144, 169

Personenregister

(Abkürzungen: Bf. = Bischof;
Ebf. = Erzbischof; Hzg. = Herzog;
Kg. = König; Ks. = Kaiser; Ma. = Mittelalter; Mbf. = Missionsbischof;
Rgb. = Regensburg(er)

Albertus Magnus (ca.1193–1280), Theologe u. Philosoph, Bf. v. Rgb. 1260–1262 71
Albrecht IV. (1447–1508), Hzg. v. Bayern 1467–1508 97f., 102, 168
Altdorfer, Albrecht (ca. 1480–1538), Maler, Stadtrat u. Stadtbaumeister in Rgb. 104f.
Aratos (3. Jh. v. Chr.), Dichter, Gelehrter, Astronom 61
Arbeo v. Freising (ca.723–783), geistl. Schriftsteller, Bf. v. Freising 764–783 40f., 59
Arndt, Ernst Moritz (1769–1860), Schriftsteller 120
Arnold (ca.1000–ca.1050), geistl. Schriftsteller im Kloster St. Emmeram in Rgb. 59
Arnulf v. Kärnten (ca.850–899), ostfränk. Kg. 887–899, Ks. 896–899 50, 56, 58, 166
Arnulf (gest. 937), Hzg. v. Bayern 907–937 51, 68, 166
Auer, Rgb. Patrizierfamilie des Mittelalters 68
Berthold v. Rgb. (1210–1272), Volks- u. Wanderprediger aus Rgb. 71
Billi, Hildebrand (um 1640), Kaufmann in Rgb. 113
Bonifatius (672/73–754), Mbf. im fränk. Reich 47, 57, 165
Bräunel, Rgb. Patrizierfamilie des Ma. 69
Commodus (161–192), röm. Ks. 180–192 69
Dalberg, Karl Theodor v. (1744–1817), Ebf. v. Mainz bzw. Rgb. 1802–1817, Kurfürst v. Mainz 1802, Fürstprimas v. Rgb. 1802–1810, Großhzg. v. Frankfurt 1810–1813 125–130, 169
Diepenbrock, Melchior v. (1798–1853), Privatsekretär Bf. Sailers 1823–1832, Generalvikar in Rgb. 1842–1844 135
Dionysius (gest. ca. 250), Mbf. in Paris 60, 167f.
Eck, Johann (1486–1543), Theologe 109
Emmeram (gest. ca. 685/90), Mbf. in Rgb. 40, 44f., 50, 59f., 165
Erhard (gest. ca. 700), Mbf. in Rgb. 44f., 165
Friedrich Barbarossa (ca. 1123–1190), dt. Kg. 1152–1190, Ks. 1155–1190 74f., 167
Friedrich II. (1194–1250), dt. Kg. 1215–1245/50, Ks. 1220–1245/50 75f., 78, 167
Friedrich III. (1415–1493), dt. Kg. 1440/42–1493, Ks. 1452–1493 98, 102, 168
Fuchs, Rgb.Familie 81
Garibald (gest. ca. 593), Hzg. v. Bayern ca. 584–ca. 593 40, 165
Gichtl, Rgb. Familie 81
Goethe, Johann Wolfgang v. (1749–1832), Dichter 14, 120, 126, 169
Gravenreuther, Rgb. Patrizierfamilie des Ma. 68
Haag, Rgb. Familie 81
Habbel, Joseph (1846–1916), Verleger in Amberg u. Rgb. 133
Haller, Hans (um 1636/28), Schneider in Rgb. 113
Haydn, Joseph (1732–1809), Komponist 120, 169
Heinrich I. (876–936), dt. Kg. 919–936 50ff., 166
Heinrich II. (973–1024), als Heinrich IV. Hzg. v. Bayern 995–1004, 1009–1018, dt. Kg. 1002–1024, Ks. 1014–1024 52ff., 56, 59, 166
Heinrich VI. (1166–1197), dt. Kg. 1169 (nominell)/1190 (real)–1197, Ks. 1191–1197 74
Heinrich I. (920–955), Hzg. v. Bayern 948–955 52, 166
Heinrich der Löwe (1129–1195), Hzg. v. Sachsen 1142–1180, Hzg. v. Bayern 1156–1180 74
Held, Heinrich (1868–1938), Journalist, Redakteur u. Zeitungsherausgeber in Rgb., bayer. Ministerpräs. 1924–1933 133
Hemma (ca. 810–876), Gem. Kg. Ludwigs des Deutschen 49
Hipp, Otto (1885–1952), OB v. Rgb. 1920–1933 141, 144

Hitler, Adolf (1889–1945), „Führer" der NSDAP 1921/25–1945, dt. Reichskanzler 1933–1945 143f., 169
Hölderlin, Friedrich (1770–1843), Dichter 120
Honorius Augustodunensis (1080–ca. 1137), Theologe u. Philosoph im Kloster St. Jakob in Rgb. 62f.
Hubmaier, Baltasar (ca. 1485–1528), Domprediger in Rgb. 1516–1520 104
Humboldt, Wilhelm v. (1767–1835), Staatsmann u. Wissenschaftler 126
Karl der Große (742–814), fränk.Kg. 768–814, Ks. 800–814 48ff., 69, 165f.
Karl V. (1500–1558), Kg. v. Spanien 1516–1556, dt. Kg. 1519–1556, Ks. 1530–1558 109
Kepler, Johannes (1571–1640), Naturwissenschaftler, Astronom 113, 169
Konrad I. (gest. 918), dt. Kg. 911–918 50f., 166
Konrad III. (1093–1152), dt. Kg. 1138–1152 167
Konrad IV. (gest. 1226), Bf. v. Rgb. 1204–1226 75, 167
Kunigunde (ca. 975–1033), Gem. Ks. Heinrichs II. 53f.
Lantpert (um 700), Sohn Hzg. Theodos v. Bayern 45
Löbel, Rgb. Patrizierfamilie des Ma. 68
Loth, Rgb. Familie 81
Lottner, Michael (1899–1945), Bezirksinspektor im Versicherungswesen in Rgb. 1935–1945 146, 171
Ludwig der Deutsche (ca. 804–876), Unterkg. in Bayern 826–843, ostfränk. Kg. 843–876 49, 56, 166
Ludwig das Kind (893–911), ostfränk. Kg. 900–911 50f.
Ludwig I. (1174–1231), Hzg. v. Bayern 1183–1231 75, 167
Ludwig I. (1786–1868), Kg. v. Bayern 1825–1848 135
Luitpold (gest. 907), führender bayer. Adeliger 51
Luther, Martin (1483–1546), Theologe, Reformator 106, 109, 111
Maier, Johann (1906–1945), Domprediger in Rgb. 1939–1945 146, 171
Manz, Georg Joseph (1808–1894), Buchhändler u. Verleger in Rgb. 133

Mark Aurel (121–180), röm. Ks. 161–180 11f., 23f., 32
Maximilian (1459–1519), dt. Kg. 1486–1519, Ks. 1508–1519 102, 104, 168
Max I. Joseph (1756–1825), Hzg. u. Kurfürst v. Bayern 1799–1806, Kg. v. Bayern 1806–1825 129
Melanchthon, Philipp (1497–1560), Theologe, Reformator 109
Merkur, röm. Gott der Händler u. Reisenden 31f.
Mozart, Wolfgang Amadeus (1756–1791), Komponist 120, 169
Napoleon Bonaparte (1769–1821), Erster Konsul der Französ. Republik 1799–1804, Ks. der Franzosen 1804–1814/15 125, 128ff., 169
Oberdorfer, Simon (1872–1943), Geschäftsmann in Rgb. 145
Odilo (gest. 748), Hzg. v. Bayern 736/37–748 47
Ota (um 700), Tochter Hzg. Theodos v. Bayern 45
Otloh (ca.1010–ca.1070), geistl. Schriftsteller im Kloster St. Emmeram in Rgb. 59f., 64
Otto der Große (912–973), dt. Kg. 936–973, Ks. 962–973 52, 166
Otto II. (955–983), dt. Kg. 961 (nominell)/973 (real)–983, Ks. 967 (nominell)/973 (real)–983 166
Otto III. (980–1002), dt. Kg. 983–1002, Ks. 996–1002 52
Otto IV. (1182–1218), dt. Kg. 1198/1208–1215/18, Ks. 1209–1215/18 74
Otto I. (ca.1120–1183), Hzg. v. Bayern 1180–1183 74f.
Otto II. (1206–1253), Hzg. v. Bayern 1231–1253 75
Petrus (gest. ca. 60), Apostel 48, 77
Philipp v. Schwaben (1178–1208), dt. Kg. 1198–1208 74ff., 167
Prinz, Rgb. Familie 81
Proske, Carl (1794–1861), Kirchenmusiker in Rgb. 135
Pustet, Friedrich (1798–1882), Verleger in Passau u. Rgb. 133
Ramwold (gest. 1000), Abt des Klosters St. Emmeram 975–1000 57ff.
Ratzinger, Georg 160f.
Ratzinger, Joseph/ Benedikt XVI., Papst 160, 164, 172

Reich, Rgb. Patrizierfamilie des Ma. 68
Runtinger, Rgb. Patrizierfamilie des Ma. 67f., 168
Rupert (gest. 718), Mbf. in Salzburg 44, 165
Sailer, Johann Michael v. (1751–1832), Weihbf., Generalvikar u. Koadjutor in Rgb. 1822–1829, Bf. v. Rgb. 1829–1832 134f.
Sarmannina/Sarmannana (um 500), Christin in Rgb. 42f.
Schenk, Eduard v. (1788–1841), Jurist, bayer. Innenminister 1828–1831, Regierungspräs. des Bezirks Oberpfalz 1831–1841 135
Schiller, Friedrich (1759–1805), Dichter 126
Schottenheim, Otto (1890–1980), OB v. Rgb. 1933–1945 144
Schultze, Max (1845–1926), Architekt, Baurat in Diensten der Fürsten v. Thurn u. Taxis 140
Severin (gest. 482), Missionar im Donauraum zwischen Passau u. Wien 37, 42
Siegfried (gest. 1246), Bf. v. Rgb. 1227–1246 75f.
Sternberg, Graf Kaspar v. (1761–1832), Naturforscher, Vizepräs. der Regierung des Fürstentums Rgb. 1803–1806 121
Stobäus, Oskar v. (1838–1914), Erster Bürgermeister v. Rgb. 1869–1903 133

Tassilo III. (ca. 742–749), Hzg. v. Bayern 748–788 48, 51, 165
Theodo (gest. 717), Hzg. v. Bayern ca. 690–717 40, 44–47
Thomas v. Aquin (1225–1274), Theologe u. Philosoph 71
Thurn u. Taxis, Fürsten v.119, 129, 138f., 169f.
–, Fürst Carl Anselm v. (1733–1805), Prinzipalkommissar am Immerwährenden Reichstag 1773–1797 120
Tundorfer, Rgb. Patrizierfamilie des Ma. 68
Uta (gest. 1025), Äbtissin des Klosters Niedermünster 987–1025 56, 58, 166
Wallenstein, Albrecht v. (1583–1644), Feldherr 113
Wieland, Christoph (1733–1813), Dichter 126
Wilhelm v. Hirsau (ca. 1026–1091), Wissenschaftler, Abt des Klosters Hirsau 1069/71–1091 61
Wittmann, Georg Michael (1760–1833), Dompfarrer in Rgb. 1804–1829, Weihbf. u. Generalvikar in Rgb. 1829/30–1832, Bf. v. Rgb. 1832–1833 135
Wolfgang (924–994), Bf. v. Rgb. 972–994 57ff., 61, 166
Zant, Rgb. Patrizierfamilie des Ma. 68
Zierold, Rgb. Familie 81
Zirkl, Josef (1875–1945), Arbeiter in Rgb. 146, 171

Bildnachweis

altro – die fotoagentur, Regensburg: 24, 117, 152, 160
Bayerische Staatsbibliothek, München: 56
Bayerisches Hauptstaatsarchiv, München: 39, 99
Bayerisches Landesamt für Denkmalpflege-Luftbilddokumentation, Aufnahmedatum 22.07.87,
   Foto: Otto Braasch, Archiv-Nr. 6938/001, Dia 4998-37: 25
BMW: 148
Hanno Meier, Regensburg: 68
Herbert Stolz, Regensburg: 162/163
http://commons.wikimedia.org: 52 (Flying Pharmacist, CC-BY-SA-2.0-DE),
   hintere Umschlaginnenseite (Immanuel Giel)
Museen der Stadt Regensburg – Historisches Museum: 10, 21, 29 (Wolfram Schmidt), 32, 36
   (beide: Manfred Eberlein), 41, 59 (Presse- und Informationsstelle der Stadt),
   80/81, 85, 87, 89, 96, 103, 105 (Städt. Lichtbildstelle / A. Reisinger), 107
   (Ludwig Wagmüller), 112, 121 (Peter Ferstl), 126, 128, 136 (beide: Peter Ferstl)
Nach: Hugo von Walderdorff, Regensburg in seiner Vergangenheit und Gegenwart, Regensburg 1896 (4. Aufl.): 101
Nach: Karl Bauer, Regensburg. Kunst-, Kultur- und Alltagsgeschichte, Regensburg
   1997 (5. Aufl.): 77
Presse- und Informationsstelle der Stadt Regensburg – Bilddokumentation: 143, 146, 157
ullstein bild – Hartmann: 138
ullstein bild – Imagebroker.net: 60
Universität Regensburg: 149
Verlagsarchiv: 72
Sammlung Wilhelm Amann, Regensburg: 130